Comunicación Asertiva

El Secreto para Hablar sin Decir Tonterías, Decir NO con Estilo y que tu Palabra Valga Oro. Conviértete en un Hablador Persuasivo sin Timidez ni Estrés y ¡Eleva Tu Autoestima!

Ollie Snider

GRACIAS POR LEER MI LIBRO

Este ha sido mi gran proyecto desde hace varios meses (casi llegando al año) y para ser sincero, no fue fácil.

Ha sido lo más parecido a un viaje en montaña rusa. He pasado por los momentos más bajos y oscuros, sumergido en miedo de no saber si lo estaba haciendo bien pero también he tenido el privilegio de ver todo desde la cima y ver como muchas personas que probablemente nunca tendré el privilegio de conocer, se pueden beneficiar de mi pequeño pero humilde aporte a sus vidas.

Me tomó literalmente meses y muchas noches de insomnio poder expresar mis conocimientos acá. Soy una persona que por naturaleza le cuesta expresar sus sentimientos, pero este libro me permitió abrir mi mente y salir de mi zona de confort, motivo por el cual te agradezco que hayas llegado hasta este punto de la lectura.

Quisiera aprovechar de agradecerle a mi familia por el constante apoyo que me brindaron durante este largo viaje de redacción, diseño y horas frente al computador. No hubiese logrado hacerlo sin ellos. Los amo con todo mi corazón.

Y antes de despedirme, quisiera pedirte un pequeño favor.

Por favor disfruta de este trabajo. Me despido enormemente agradecido.

Ollie Snider

Revisa todos mis libros en: **amazon.com/author/pnlypersuasiondesdecero**

TABLA DE CONTENIDOS

INTRODUCCIÓN

"Ser pasivo es dejar que otros decidan por ti. Ser agresivo es decidir por los demás. Ser asertivo es decidir por ti mismo". -Edith Eva Eger-

La comunicación asertiva es tan poderosa que las emplean detectives del FBI, políticos, maestros, vendedores y publicistas, entre otros. No es exagerado decir que, si la desarrollas, logras empoderarte en prácticamente cualquier tipo de circunstancia. Mejor no nos adelantemos y comencemos por el principio: ¿qué es la comunicación asertiva?

La comunicación asertiva consiste en expresar lo que sientes, piensas, quieres o necesitas, sin agredir a nadie, ni sentirte culpable por hacerlo. Desde un punto de vista más técnico, ha sido definida como «una comunicación que no pone en inferioridad a ninguna de las personas implicadas en la interacción, sino que se pone énfasis en la exactitud de la comunicación y en el respeto para todas las personas involucradas en la interacción» Duckworth, M.P; Mercer, V. (2006).

La asertividad es una gran herramienta para que tus relaciones con los demás sean más equitativas y al mismo tiempo puedas expresarte libremente. Se trata de una habilidad social que adquieres con la práctica y que te permite autoafirmar tus derechos, sin dejarte manipular ni manipular a nadie.

El objetivo de la comunicación asertiva es interactuar con los demás de una forma honesta y directa. Asertividad es saber pedir, negarte o negociar para conseguir lo que te propones, expresando siempre tus sentimientos de una forma clara y respetando a los otros. También incluye la capacidad para hacer y recibir cumplidos, así como la de hacer y recibir quejas.

Para que comprendas a fondo el concepto de comunicación asertiva, vale la pena mencionar brevemente cuáles son los estilos de comunicación y por qué la asertividad es la mejor opción.

Los estilos de comunicación

Cuando te comunicas con los demás, y aunque no te des cuenta, empleas un patrón específico. Es posible que seas muy condescendiente, muy impositivo, o quizás algo manipulador. Lo usual es que esto se produzca de forma inconsciente. Con base en los patrones típicos, se han definido cuatro estilos de comunicación: pasivo, agresivo, pasivo-agresivo y asertivo. Veamos de qué se trata cada uno de ellos.

Comunicación pasiva

Es el tipo de comunicación en el cual una persona pone los intereses y necesidades de los demás por encima de los suyos. El objetivo es complacer a los otros, incluso si esto te genera malestar. Implica falta de respeto por uno mismo y el deseo de evitar conflictos a toda costa.

Este tipo de comunicación suele llevar a que una persona se sienta incomprendida, ignorada y manipulada. Con el tiempo, esto genera irritabilidad, estrés y hostilidad. Así mismo, sus interlocutores pueden llegar a sentirse incómodos, ya que tienen que «adivinar» lo que piensa o siente la persona pasiva, pues no lo dice. Es posible que esto termine provocando rechazo.

Comunicación agresiva

La comunicación agresiva es la postura opuesta a la anterior. En este caso se ponen los intereses y necesidades propias por encima de los de los demás. El objetivo es imponerse sobre otros, mediante conductas y gestos hostiles o amenazantes. Es posible que en un principio alguien logre lo que desea, pero también se expone a una contraagresión o a experimentar sentimientos de culpa. Con el tiempo esta conducta genera distancias y rupturas.

Comunicación pasivo-agresiva

Este tipo de comunicación es agresiva, pero de forma indirecta o encubierta. No hay gritos, insultos o amenazas directas, pero también tiene el objetivo de imponerse sobre los demás. Para ello se acude a actitudes como el sarcasmo, la descalificación sutil, el silencio hostil, etc. En la práctica, los efectos a largo plazo son los mismos de la comunicación agresiva: posibles ataques, sentimientos de culpa, distancia y ruptura.

Comunicación asertiva

Como ya lo señalamos antes, la comunicación asertiva es un estilo en el que se toman en cuenta tanto los intereses y necesidades propias, como los de los demás. Se basa en el respeto mutuo y en tres actitudes: ser directo, ser honesto y ser apropiado. Parte de una expresión clara y sincera, sin menospreciar a nadie y toma en cuenta el contexto particular de la otra persona. Fomenta una relación saludable con los demás y es una habilidad que se desarrolla: nadie nace con ella.

La importancia de la comunicación asertiva en la vida personal y profesional

La comunicación asertiva es altamente eficaz y funcional. Empleando este estilo tienes muchas más probabilidades de que tus mensajes se transmitan con éxito. La comunicación pasiva, agresiva o pasivo-agresiva provocan interferencias que limitan la comprensión mutua.

Tratar de complacer a los demás no solo es agobiante, sino que lanza el mensaje de que lo que piensas y sientes no es importante. Por eso, los demás terminarán ignorándote y esto va a crearte un conflicto interno. Del mismo modo, querer imponerte sobre otros hará que tus relaciones sean tensas y maltratantes. Te verás envuelto en muchos conflictos y más temprano que tarde generarás rechazo en los demás.

Comunicarte de manera asertiva, en cambio, te hace más libre. Da lugar a una gran cantidad de beneficios, dentro de los que se destacan los siguientes:

- **Reducción del estrés**. Te ayuda a disminuir las tensiones, tanto internas como con los demás.

- **Mayor autoestima**. En la medida en que te permites expresar con libertad lo que piensas y sientes, aumenta tu amor propio. La asertividad es una forma de autoafirmación.

- **Incremento de la autoconfianza**. El respeto hacia tus propios deseos y necesidades fortalece la confianza en tu propio criterio.

- **Mayor sensación de control**. La comunicación asertiva te ayuda a depender menos de la opinión ajena y de las fuerzas inconscientes que hay en tu interior. Adquieres más autonomía.

- **Incremento del autoconocimiento**. La asertividad te exige estar al tanto de tus propias emociones, pensamientos y deseos. Por lo tanto, te ayuda a conocerte mejor.

- **Mejor gestión de las emociones**. En la medida en que se incrementa tu autoconocimiento, también te comprendes mejor y puedes canalizar tus emociones de una forma más eficaz.

- **Reduce los conflictos**. Al tener la capacidad de ser claro y franco con otros, pero al mismo tiempo respetarlos, existe menos probabilidad de que haya conflictos.

- **Mejores relaciones con los demás**. La comunicación asertiva fomenta el respeto mutuo y por eso ayuda a construir relaciones más sanas, tanto en lo personal como en lo profesional.

- **Otros**. La lista sería interminable, pero dentro de los beneficios más relevantes se encuentran los siguientes: mayor empoderamiento, más habilidad para gestionar soluciones, mejor capacidad en la toma de decisiones, mayor satisfacción laboral, etc.

¿Qué te detiene?

A estas alturas te estarás preguntando: si es tan buena la comunicación asertiva, entonces ¿por qué hay tantos que no la desarrollan? Es una excelente pregunta y la respuesta nos da muchas pistas para el trabajo que desarrollaremos en este libro.

En general, hay cuatro motivos por los que se bloquea la asertividad. El primero es el más obvio: la comunicación asertiva no es una habilidad innata, sino adquirida; esto quiere decir que no se te da de forma espontánea, sino que tienes que trabajar para desarrollarla.

Un segundo factor es la educación y la crianza. En algunos entornos se premia la comunicación inadecuada. Por ejemplo, se ve con buenos ojos que una persona ceda sus derechos por agradar a los demás; esto llega a verse como un acto de generosidad. Así mismo, en entornos agresivos a veces se enseña que entre más intimidante sea alguien, más probabilidades tiene de obtener logros. Por lo tanto, la persona sigue empleando esos estilos de comunicación, sin reparar en el daño que le causan.

La tercera razón por la que las personas no logran tener una comunicación asertiva es la ansiedad. Si hay mucho nerviosismo y angustia continua, es posible que esas emociones tomen el control y le impidan a alguien actuar de una forma más racional y ecuánime.

Finalmente, muchas personas no actúan de manera asertiva porque no conocen sus derechos y, por lo tanto, no los defienden. Al respecto, el psicólogo Manuel Smith, en su obra *Cuando digo no, me siento culpable* (2003), señala que hay 10 derechos asertivos básicos:

1. El derecho a ser mi propio juez.

2. El derecho a elegir si nos hacemos responsables de los problemas de los demás.

3. El derecho a elegir si queremos o no dar explicaciones.

4. El derecho a cambiar de opinión.

5. El derecho a cometer errores.

6. El derecho a decir "no lo sé".

7. El derecho a no necesitar la aprobación de los demás.

8. El derecho a tomar decisiones ajenas a la lógica.

9. El derecho a no comprender las expectativas ajenas.

10. El derecho a no intentar alcanzar la perfección.

¿Qué te puede aportar este libro?

Este libro recopila la información más actualizada sobre el tema, cuidando que la procedencia de la información tenga bases científicas y académicas sólidas. El objetivo principal es brindarte conceptos y herramientas que puedas aplicar fácilmente, en diferentes eventos de la vida personal y profesional. Por eso, lo definimos como un «libro amigo».

Comenzaremos por tratar uno de los temas que despierta más inquietudes, pero de los que suele hablarse en voz baja: ¿cómo aprender a decir «no»? Te mostraremos por qué es un arte y cuál es el camino para que sepas poner límites y negarte a hacer todo aquello que va en contra de tu deseo o necesidad personal.

Enseguida pasaremos a otro de los temas cruciales: ¿cómo hablar sin decir tonterías? En esta sección te explicaremos cómo evitar los discursos vacíos y de qué manera incrementar dos de las grandes habilidades comunicativas: la claridad y la concisión. Así mismo, vamos a darte varias claves relevantes para desarrollar una competencia decisiva: la escucha activa.

Después nos adentraremos en el mundo de la comunicación persuasiva. Recorreremos paso a paso los laberintos del arte de hablar en público y te daremos a conocer tips indispensables para que no solo no tengas miedo de enfrentarte a grandes grupos, sino que además lo hagas de la manera más eficiente posible.

Para continuar, trataremos el tema de la comunicación asertiva en el marco del liderazgo. Allí encontrarás las claves para ser un excelente líder, sobre la base de ejercer la autoridad de una manera asertiva. También te aportaremos conocimientos puntuales para saber cómo y por qué delegar funciones, cuál es el camino para resolver conflictos y cómo puedes motivar a un equipo de trabajo.

Finalizaremos hablando de uno de los ejes esenciales: la autoestima. En esta sección final vas a encontrar valiosos principios y estrategias para incrementar el amor propio y derrotar los obstáculos que te impiden tener más confianza en ti mismo. Esta sección te encantará.

Encontrarás una serie de ejercicios al final de cada capítulo. El objetivo es que se conviertan en herramientas funcionales para poner en práctica lo aprendido. Debes ser consciente de que entre más apliques los conocimientos que vamos a darte, mayores serán las probabilidades de que alcances una comunicación más saludable y, con ella, una vida más plena.

¿Estás listo para iniciar este viaje hacia una vida mejor? Si la respuesta es «sí» solo te resta dar vuelta a esta página y aceptar el reto de comenzar una aventura hacia tu bienestar.

CAPÍTULO 1: APRENDE A DECIR «NO» CON ESTILO

«Porque nadie puede saber por ti. Nadie puede crecer por ti. Nadie puede buscar por ti. Nadie puede hacer por ti lo que tú mismo debes hacer. La existencia no admite representantes». -Jorge Bucay-

Es posible que la Segunda Guerra Mundial se hubiera evitado, si los europeos le hubieran dicho «no» a Hitler cuando estaban a tiempo de hacerlo. Francia y la URSS tenían acuerdos para defender a Checoslovaquia si era agredida por otra nación. Los alemanes, gobernados por el partido nazi, tenían intenciones evidentes de invadir ese país y las demás naciones lo sabían.

Sin embargo, en lugar de unirse para rechazar esas pretensiones, lo que hicieron fue reunirse con el *führer* y aceptar que se quedara con buena parte del territorio checoslovaco. Un año después, Hitler no solo tenía bajo su mando esa nación, sino prácticamente a toda Europa. Al final, esa cruenta guerra le costó la vida a más de 50 millones de personas.

Estos hechos reales nos muestran la importancia de decir «no» a tiempo. Algunos creen que ser condescendientes es la mejor forma de mantener las cosas en paz, pero como lo hemos visto, a veces solo sirve para abrirle el camino a un conflicto mucho mayor. Lo mismo ocurre en la vida personal.

En este capítulo hablaremos acerca de la importancia de saber decir «no», de la forma adecuada. Veremos por qué para algunas personas es tan difícil hacerlo y cuáles son las razones por las que es necesario desarrollar esta habilidad. Así mismo te daremos varios consejos prácticos para evitar los sentimientos de culpa y afrontar las reacciones negativas del interlocutor. Finalmente, vamos a proponerte algunos ejercicios para que practiques y desarrolles esta habilidad.

1.1 La importancia de establecer límites

> *«Atreverse a establecer límites se trata de tener el valor de amarnos a nosotros mismos, incluso cuando corremos el riesgo de decepcionar a otros».*
> -Brene de Brown-

Poner límites no significa rechazar a los demás o defender a capa y espada tu opinión o tus creencias. Más bien tiene que ver con hacerle saber a los otros qué necesitas y qué no, qué quieres y qué no. Dicho de otro modo, definir la frontera de lo que es aceptable y deseable para ti, y lo que no.

En el marco de la comunicación asertiva, no tienes por qué pasar por encima de nadie para hacerte valer. Solo es necesario que dejes claro lo que esperas, deseas y permites. Puedes enviar ese mensaje de forma empática y cordial, para que la otra persona no se sienta ofendida o rechazada.

¿Por qué es importante poner límites?

Para entender la importancia de poner límites, piensa un momento en tu hogar. Imagina que cualquier persona puede entrar allí, en todo momento y sin restricciones. Si lo desean, también tienen derecho a usar tus pertenencias, comerse lo que haya en tu refri, utilizar tu cepillo de dientes, etc. ¿Cómo te sentirías? De seguro, dejarías de pensar que ese es tu hogar y comenzarías a percibirlo como un sitio público.

Exactamente lo mismo ocurre cuando no fijas límites en el trato con los demás. Muchas personas van a sentirse con el derecho de usar y abusar de tu tiempo, de tu paciencia, de tu generosidad y quién sabe de cuántas cosas más. Te conviertes más en un objeto, que en un sujeto.

Las consecuencias de esto son impredecibles. Es posible que quedes expuesto a una serie de abusos y que debas lidiar con la faceta más tóxica de muchas personas. Tu evolución personal se verá estancada y cada vez te sentirás más ignorado. Es posible que eso te lleve a incubar rencores, resentimientos, ira y frustración. No es una situación envidiable.

Los beneficios de poner límites

Establecer límites es la mejor manera de preservar tu identidad y tu bienestar personal. Ofrece muchísimos beneficios, pero hay cuatro que tienen especial relevancia: auto-conocimiento, autoestima, respeto por ti mismo y relaciones equilibradas con los demás.

Marcar límites es una forma de ponerte en contacto contigo mismo. Supone hacer consciencia sobre lo que quieres y necesitas. Saber o descubrir lo agradable o tolerable para ti implica un ejercicio de autoconocimiento. Quizás sin darte cuenta, consultas contigo mismo y vas definiendo cuáles son las fronteras que otros no deben cruzar.

Reafirmar tu identidad frente a los demás hace que aumente el aprecio que sientes por ti mismo. De hecho, constituye una expresión de auto respeto y de autocuidado. Quizás no lo notes, pero la gente termina tratándote a ti, como tú te tratas a ti mismo. Por lo tanto, trazar límites es una acción y un proceso que lleva a que los demás también te aprecien y te respeten más.

El premio mayor: la libertad

El mayor premio que obtienes al poner límites es la libertad. Parece contradictorio, pero no es así. Si te das el lugar que te mereces en las interacciones con otros, vas a perder el miedo a mostrarte tal y como eres. Te sentirás libre para expresarte, con independencia de si los demás aprueban o no lo que eres.

Cuando una persona se siente muy vulnerable frente a los demás, huye o ataca. En ambos casos lo hace para defenderse, pues se siente débil y mantiene una tensión constante. Es el temor a ser dañado o lastimado. Por eso, no logra expresarse de forma espontánea y se relaciona con el mundo de una manera artificiosa.

En cambio, cuando alguien confía en su capacidad para poner límites, se siente liberado. Sabe que tiene el poder para impedir el daño que quieran infligirle los demás. También comprende que no tiene por qué enfrentarse, ni pasar por encima de alguien para lograr que se le respete.

¿Quieres un ejemplo?

Pensemos en una situación cotidiana.

Por accidente, alguien tropieza un vaso de refresco y lo derrama. Otro que lo ve le dice: «¡Qué tonto!». El que cometió la pequeña infracción puede sonrojarse y pedir perdón; también podría responder con agresividad: «¿Algún problema?».

O, quizás, haga gala de su capacidad para poner límites y diga algo como esto: «¿De verdad te parece que soy tonto porque tuve este pequeño accidente?».

La última es una respuesta que invita a reflexionar sobre la validez de la afirmación. Al mismo tiempo, de manera implícita, fija un límite que se podría expresar así: «No eres tú quien califica mis acciones. Tengo criterio propio para juzgar lo que hago».

¿Por qué algunos no logran poner límites?

Lo más habitual es que las personas se abstengan de poner límites por miedo al rechazo. En definitiva, la gente es más inofensiva cuando los dejas que hagan lo que quieran contigo. Si te expresas y dices «hasta aquí» es probable que no se sientan cómodos.

Otro factor que influye es el sentimiento de culpa. Te has acostumbrado tanto a dejar que los demás pasen por encima de tus deseos y necesidades, que llegas a sentirte extraño si no lo permites. Además, es posible que estés convencido de que esa actitud es prueba de tu nobleza y buen carácter. Por eso experimentas la reafirmación como una conducta egoísta y poco virtuosa.

La inseguridad, el miedo a la confrontación, la falta de autoestima o carecer de habilidades comunicativas son otros factores que pueden llevarte a no fijar límites cuando es necesario hacerlo. La pregunta es: ¿cómo aprender a poner límites, sin que esto se convierta en un conflicto para ti? Un buen punto de partida es aprender a decir «no» de una forma adecuada. Sobre esto hablaremos a continuación.

1.2 Cómo decir "NO" de forma asertiva

«Digamos lo que tengamos que decir. Podemos decirlo suavemente, pero con firmeza, hablando con el corazón. No necesitamos ser críticos o no tener tacto, ni culpar o mostrarnos crueles cuando decimos nuestras verdades».
-Melody Beattie-

Decir «no» es una habilidad que requiere entrenamiento, en especial si te cuesta mucho hacerlo. Es muy conveniente decir «sí» ante situaciones que, aunque te causen incomodidad, también te aportan algo. Como cuando un compañero te invita a ver una película y estás un poco cansado, pero se trata de una cinta que te interesa y además sueles disfrutar de la compañía de quien te invita.

En cambio, si la película te parece un bodrio y tu compañero un pesado, pero quieres quedar bien con él porque al fin y al cabo hay un trato cercano, estás en problemas. Esos son los casos en los que es muy importante saber decir «no». Dicho de una forma más concreta: nunca debes hacer algo solo por agradar a otra persona, en especial si eso supone pasar por encima de ti mismo.

Ahora bien, lo anterior no significa que tengas derecho a ignorar por completo lo que el otro siente, piensa o espera de ti. El objetivo de decir «no» es el de respetar tus propios deseos y necesidades, pero sin irrespetar los del otro. En el ejemplo del que hablamos, si dices «no» hay un rechazo, pero este no tiene por qué ser brutal o desconsiderado.

Las técnicas asertivas para decir «no»

Cuando hay una situación en la que entra en contradicción tus necesidades y deseos con las necesidades y deseos de otra persona, lo indicado es que elijas lo que sea mejor para ti. Por supuesto, esto implica poner en segundo plano a los demás. ¿Cómo hacerlo sin causar daño? Existen algunas técnicas que ayudan a lograrlo. Las más utilizadas son las siguientes.

La técnica del sándwich

La técnica del sándwich consiste en expresar un mensaje positivo antes y después del rechazo. El objetivo es suavizar el rechazo y dejar una sensación de empatía en el otro. Por ejemplo: «Eres muy amable al invitarme, pero no puedo aceptar porque estoy cansado. Ojalá haya otro afortunado que sí acepte tu invitación».

El disco rayado

La técnica del disco rayado solo debe utilizarse cuando alguien es muy insistente. Ya le has dicho que no, pero se empeña en hacerte cambiar de opinión. De ser así, lo mejor es repetir la misma respuesta, sin variaciones, tantas veces como el otro insista. «No puedo aceptar tu invitación»... «No puedo aceptar tu invitación»... «No puedo aceptar tu invitación»...

El banco de niebla

Esta técnica consiste en camuflar el rechazo dentro del contexto del mensaje. De este modo, se expresa un acuerdo parcial con el otro, aunque en esencia haya una negativa. Se emplea cuando es previsible que la otra persona se tome a mal el rechazo. Por ejemplo: "Me muero por ver esa película, pero no puedo aceptar tu invitación porque tengo otros planes».

Explicar las consecuencias

Esta técnica se aplica explicando en detalle y con serenidad las posibles consecuencias de decir «sí». Por ejemplo, «No puedo aceptar tu invitación porque estoy muy cansado y seguramente voy a quedarme dormido viendo la película, lo cual sería un desperdicio». Se usa cuando la otra persona es muy susceptible al rechazo.

La frase de tres partes

Esta técnica es similar a la del sándwich, pero en este caso se emplea una frase positiva antes del rechazo, la manifestación del rechazo y, por último, lo que quieres que suceda. Por ejemplo: «Tu invitación es estupenda y te la agradezco, pero no puedo aceptarla porque estoy agotado y prefiero irme a descansar».

¿Qué te impide decir «no»?

Si eres una persona acostumbrada a decir «sí», lo más probable es que tardes algún tiempo en aprender a decir «no». Recuerda que esto requiere entrenamiento. Antes de practicar, puede ser buena idea que explores un poco las razones por las que te cuesta negarte a las solicitudes de otra persona.

Algunos no saben o no están convencidos de que negarse a algo es un derecho. Se le define como derecho porque hace referencia al poder que todo ser humano tiene para rechazar aquello que le resulta inconveniente o inadecuado. Una persona debe velar primero por sí misma para estar en condiciones de velar por los demás.

De otro lado, lo más probable es que tengas una idea equivocada sobre lo que significa un rechazo. Cuando dices «no», lo que estás rechazando es la solicitud y no a la persona que te la formula. Por eso es tan importante negarte de una forma adecuada. Esto es, haciéndole sentir al otro que tu objetivo es reafirmar tu deseo o necesidad, y no subestimar o descalificar lo que él o ella necesitan o desean.

Así mismo, es posible que no hayas reparado en que decir «sí» a todas las demandas o exigencias de los demás, significa decir «no» a tus propios intereses. Así que la pregunta es: ¿quién es más importante: tú o el otro? Si no tienes una respuesta inmediata a esta pregunta, quizás tu problema está en que negarte a los requerimientos de otro te genera culpa.

1.3 Cómo evitar el sentimiento de culpa en 5 pasos rápidos y sin dolor

«Si estamos muy pendientes de no herir a nadie en ninguna circunstancia, acabaremos lastimándonos a nosotros mismos y a los demás». -P. Jakubowski-

Muchas personas piensan que priorizarse a sí mismos es una señal de egoísmo. Por eso, resultan incapaces de negarse a una solicitud ajena. Asumen que serán desaprobados moralmente y por eso experimentan sentimientos de culpa cuando le dan más importancia al «yo» que al «tú».

Si has viajado en un avión, recordarás que, antes de despegar, las azafatas dan una serie de instrucciones sobre cómo actuar en caso de emergencia. Una de ellas señala que, de ser necesario usar una mascarilla de oxígeno, primero se la debe poner el pasajero y solo después debe ayudar a otros a colocársela. ¿Por qué? Porque alguien sin aire no sirve para facilitarle la respiración a otros. Así también funciona la vida.

Como ves, en ningún momento se habla de ocuparse únicamente de uno mismo, sino de hacerlo antes de pretender hacerse cargo de otros. La solidaridad mal entendida es lo que conduce a los sentimientos de culpa. Atender las necesidades de los demás, pasando por encima de uno mismo, a la larga solo conduce a un malestar interno que termina envenenando las relaciones con los demás.

5 claves para no sentir culpa

La primera razón por la que no debes sentir culpa al decir «no» es que tienes derecho a hacerlo. ¿Crees que los demás tienen la obligación de decirte «sí» a todo lo que les pidas? Por supuesto que no. Todas las personas tenemos derecho a proteger nuestro mundo interno de experiencias que van en contravía de lo que pensamos o sentimos. No hay nada de malo en ello. Por el contrario, es lo más saludable e incluso se podría catalogar como un deber con uno mismo.

Enseguida te damos cinco claves para evitar los sentimientos de culpa cuando no complaces a los demás.

1. **No puedes agradarle a todo el mundo** No importa lo que hagas, siempre habrá alguien que cuestione tu conducta. Hasta la Madre Teresa de Calcuta tiene detractores. Por lo tanto, debes desterrar la idea de que estás en el mundo para complacer a todos los que te rodean y tratar de mantenerlos satisfechos. Si lo haces, de seguro, vas a salir perjudicado.

2. **La ansiedad forma parte del proceso** Es claro que cuando le dices «no» a alguien, se crea una tensión con esa persona. Es normal que así sea. Es posible que experimentes algo de ansiedad o angustia al ver la reacción del otro y que esto se transforme en sentimiento de culpa. No debes ceder solo por dejar de sentir ese malestar. Si practicas con frecuencia el «no», poco a poco irás sintiendo menos incomodidad.

3. **¿Tienes suficiente energía para decir «sí»?** Ningún ser humano tiene la fuerza suficiente para cargar con los problemas de otros indefinidamente, sin que

algo se quiebre en su interior. Lo saludable es establecer prioridades y ofrecer tu ayuda solo cuando estés en condiciones de hacerlo. Debe ser una decisión libre y que no te cause malestar.

4. **Racionaliza la situación** Una clave para evitar los sentimientos de culpa es racionalizar la situación. ¿Cómo hacerlo? Sencillamente piensa en las consecuencias reales de decirle «no» a una persona. ¿La dejas en una situación de extrema indefensión o necesidad? ¿No existe ningún otro ser humano que pueda atender a su requerimiento? ¿Decirle «sí» va a cambiar radicalmente su situación?De igual manera, examina tus propios motivos para decir «sí» o «no». ¿Dirías «sí» solo para evitar un conflicto? ¿Lo harías únicamente porque no quieres contrariar o hacer sentir mal al otro? ¿Qué sentimiento quedaría presente en tu interior después de hacer algo que no quieres? Responde con la mano en el corazón.

5. **Piensa en tus valores y prioridades** Si tienes claros tus valores y prioridades, va a ser mucho más fácil para ti negarte a hacer algo que vaya en contra de aquello en lo que crees. Ahora bien, es muy probable que la solidaridad encabece tu lista, pero no olvides que antes de todo debes ser solidario contigo mismo. A partir de esto, puedes definir lo demás. Si actúas en coherencia con tus principios, no tienes por qué experimentar sentimientos de culpa.

¿Cómo manejar la situación?

Es importante que estés muy atento a lo que sientes cuando alguien te pide un favor o te solicita algo que no te beneficia. Si experimentas estrés, desánimo o cansancio significa que no tienes la disponibilidad emocional para responder a la solicitud de esa persona. Lo saludable es que tengas respeto por lo que sientes y te niegues. Si, en cambio, no hay reticencia o esta es muy baja, bien podrías aceptar.

Si no estás seguro de lo que quieres responder, lo mejor es que te tomes unos minutos para pensar en la situación. Evalúa si tienes la disposición, el tiempo y la capacidad para hacer lo que te piden. Si te exigen una respuesta inmediata, aplica la comunicación asertiva: «No puedo darte una respuesta inmediata. Debo pensar un momento para saber qué hacer».

Lo mejor es que siempre des al final una respuesta directa y honesta, sin ambigüedades. Evita suavizar el «no» diciendo que tal vez en el futuro harás lo que te solicitan o dando explicaciones que no te están pidiendo. Parte del proceso para ser asertivo tiene que ver con aprender a ser franco, con serenidad y cortesía.

Podría ser muy enriquecedor que hagas una lista de todas aquellas situaciones en las que experimentas fuertes sentimientos de culpa cuando dices «no». Examínalas con cuidado y trata de analizar por qué te sientes culpable y exactamente en dónde está el supuesto error que cometes al negarte. Este ejercicio de autoconocimiento suele ser muy útil para comprenderte mejor.

1.4 Aprendiendo a enfrentar la negatividad y la reacción de la gente

«Si es un deber el respetar los derechos de los demás, también lo es el defender los propios». -Herbert Spencer-

Los experimentos de Solomon Asch (1950) son un clásico en la psicología contemporánea. Estos investigadores estudiaron a fondo el tema de la presión social y de la conformidad. En uno de los primeros estudios que realizaron, le preguntaron a un grupo de estudiantes por la longitud de dos líneas dibujadas en un papel: ¿cuál era más corta y cuál más larga?

Lo cierto es que todos los estudiantes, excepto uno, estaban de acuerdo con los investigadores para dar respuestas incorrectas. La persona que desconocía el acuerdo se confundía al ver que la mayoría decían que la línea más corta era la más larga y viceversa. El experimento se repitió muchas veces. Al final, en el 36 % de los casos el estudiante que ignoraba el experimento terminó estando de acuerdo con la mayoría, aunque era evidente el error. ¿Por qué lo hicieron? La presión del grupo fue decisiva. Hizo que tuvieran miedo a apartarse de la opinión generalizada.

Estos experimentos nos dan una idea de lo contundente que puede llegar a ser el efecto de la opinión de los demás en nuestras percepciones y creencias. También da una idea sobre las consecuencias de preocuparte en exceso por lo que piensen los otros. De hecho, existe una fobia conocida como el «Trastorno de Taijin Kyofusho» que consiste en un miedo extremo a ofender a los demás. Nace de la inseguridad y de una obsesión casi delirante por mostrarse ante otros como alguien «perfecto».

Sin ir a esos casos extremos, lo cierto es que decirle «no» a alguien causa una frustración en el otro. Algunos responderán de forma razonable, respetando la negativa. Otros, en cambio, asumirán una actitud hostil e incluso querrán hacerte sentir culpable. ¿Cómo sortear esto? Veamos.

La reacción de los demás

El mundo está lleno de personas manipuladoras que reaccionan de una forma desmedida cuando los demás no los complacen. Es muy habitual que se trate de individuos que hacen del victimismo su bandera. Siempre están en problemas, o tienen alguna carencia, y por eso esperan que los demás los compensen. Por eso se sienten con el derecho a recriminar cuando alguien no cede a sus requerimientos.

También están aquellos que en el pasado han hecho algo por ti y creen que ese precedente es una patente de corso para exigirte que correspondas. Si no cedes a sus exigencias, no tienen problema en sacarte en cara las supuestas deudas emocionales o materiales que tienes con ellos.

Así mismo, es probable que en este tipo de situaciones se acuda al chantaje afectivo. Ocurre cuando la otra persona te dice que, si en verdad sientes afecto por ella o él, deberías decirle que «sí» a todo. También podría señalarte que tu negativa es una prueba de falta de comprensión o de apoyo.

En estos casos la reacción es un acto de franca manipulación. En principio, pueden sonar muy razonables los motivos que esgrimen, pero si los analizas a fondo, te das cuenta de que se trata de un juego psicológico con el único fin de ponerte a su servicio. Entre más manipuladora sea una persona, más intensa será su reacción ante una negativa. No lo olvides.

El miedo al conflicto

La principal razón por la cual muchos se abstienen de decir «no» es el miedo al conflicto. Sienten que los desacuerdos provocan mucha tensión y que no tienen las herramientas psicológicas para tolerar ese malestar. Por eso, a priori dicen «sí» a todo, con el objetivo de evitarse ese trago amargo.

Al respecto, hay que decir que el conflicto es tan normal como parpadear. Por lo mismo, no hay que verlo como una realidad negativa, sino consustancial a la vida en sociedad. Las relaciones distantes, artificiosas o falsas son las únicas que no generan desacuerdos o tensiones. En los vínculos reales es imposible que todo el tiempo haya consenso. O que las emociones sean tan equilibradas como para que toda tensión quede eliminada.

Así pues, el conflicto va a existir, lo busques o no. El problema real no está en la presencia del conflicto, sino en la forma como se gestiona. El malestar no se origina en la diferencia de opiniones, sino en las reacciones frente a esta. Veamos.

La reacción agresiva

Reaccionar de manera agresiva ante un conflicto solo da pie para que este se intensifique o se multiplique. Si alguien se impone a otro, como medio para zanjar las diferencias, no solo llevará a que el conflicto siga intacto, pero silenciado, sino que también dará origen a hostilidades que tarde o temprano van a manifestarse. Por lo tanto, ser agresivo no es en absoluto eficaz.

La reacción pasiva

Eludir los conflictos tiene el mismo efecto de asumirlos agresivamente. En últimas, nada se resuelve, sino que se encubre o se silencia, mientras que la contradicción persiste. Por lo tanto, con actitudes evasivas o pasivas solo se logra prolongar un problema que bien podría resolverse empleando la estrategia adecuada.

¡El conflicto es positivo!

Si bien un conflicto implica una dosis de tensión y ansiedad, lo cierto es que bien gestionado se convierte en un elemento positivo. ¿Por qué? Porque constituye una oportunidad para propiciar un cambio constructivo y contribuye a que maduren las personas involucradas.

No es sano permitir que los desacuerdos o las inconformidades se prolonguen. Ningún problema desaparece o disminuye solo por ignorarlo. Al contrario, las dificultades que no se abordan a tiempo tienden a volverse cada vez más profundas y complejas. El conflicto es un episodio en el cual salen a flote esas contradicciones y por eso lo más inteligente es verlo como la oportunidad adecuada para resolver lo que anda mal. Volveremos sobre este tema más adelante.

10 consejos prácticos para enfrentar la reacción de los demás

Si quieres decir «no», pero no sabes cómo enfrentar la reacción hostil o culpante de la otra persona, toma nota de los siguientes consejos.

• Uno: Dale crédito a tu propio juicio

Si la otra persona juzga tu conducta y la califica de una forma negativa, recuerda que lo más importante son las razones que tienes para actuar como lo haces. Intentas preservar tu bienestar, porque tienes derecho a ello. Quieres ser fiel a tus propias emociones, principios y valores. Así que lo mejor es no darle mayor crédito a lo que la otra persona opine de ti. Dice una vieja máxima: «No juzgues mi camino, si no has estado en mis zapatos».

• Dos: La dificultad está en la otra persona, no en ti

Si la otra persona no quiere atender o comprender las razones que esgrimes, lo más indicado es que busques la forma de expresarte de una forma más clara. Si aun así mantiene su postura y se encierra en sus propios argumentos, debes asumir que la dificultad está en esa persona y no en ti.

• Tres: Enfoca la situación de una manera constructiva

Como ya lo advertimos antes, el conflicto es positivo si se tramita de una forma inteligente. El rechazo o la actitud hostil de la otra persona también pueden ser el punto de partida para abordar el problema de fondo y llegar a un acuerdo.

Es una oportunidad para, por ejemplo, preguntar: «¿Por qué piensas que debo contestar que sí, cuando no quiero hacerlo?». Si no encuentras receptividad en la otra persona, de todos modos, este tipo de situaciones te ayudan a conocer más al otro y a practicar la comunicación asertiva.

• Cuatro: Enfócate en lo que quieres hacer

La reacción de la otra persona podría llevarte a perder el foco de la situación. Es posible que termines dando explicaciones sobre tus derechos y objetivos, cuando esto no es necesario.

Por lo tanto, lo mejor es que hagas énfasis en que estás haciendo lo que quieres. Lo haces porque tienes el derecho y el deber de velar por ti mismo. No hay necesidad de agregar algo más.

• Cinco: No permitas que atenten contra tu autoestima

En algunas ocasiones la otra persona intentará descalificarte o minimizarte, cuando te niegues a hacer algo que ella quiere. No lo permitas. De hecho, es muy importante que hagas esfuerzos por trabajar tu autoestima todo el tiempo. Una situación de estas es ideal para que te pongas a prueba. Si logras mantener el respeto que sientes por ti mismo, también estarás alimentando tu amor propio.

• Seis: Toma conciencia sobre la necesidad de aprobación

Si tienes una gran necesidad de ser aprobado por los demás, es importante que seas consciente de ello. ¿Por qué sucede esto? Examina en particular la crianza que recibiste o los mensajes que te han dado en relación con la importancia de agradarle a los demás. Piensa si te inculcaron la idea de que negarte a las solicitudes de alguien es una vía para perder su afecto o para generar rechazo. De ser así, analiza fríamente si es razonable que esto ocurra.

• Siete: Delimita el alcance del rechazo

Si la otra persona rechaza tu actitud, recuerda que solo está rechazando esa conducta y no a ti como ser humano. De la misma forma, debes hacerle entender que tú te niegas a su solicitud no a esa persona como tal. El rechazo de esa persona no te hace ni más, ni menos valioso, así como tu negativa no debe verse como un cierre total a cualquier otra solicitud que te haga.

• Ocho: Recuerda que no puedes agradar a todo el mundo

No viniste al mundo para complacer a todas las personas. Algunos se sentirán muy enriquecidos con lo que puedes aportarles. Otros no le darán valor a lo que eres. Esto es normal, así que deja de pensar que solo si todo el mundo te aprueba, estás en lo correcto. Incluso los santos tienen críticos.

• Nueve: Solo tú eres dueño de tus emociones

Si otra persona te dice algo agresivo, solo tú decides si aceptas esa emoción o no. Puedes tomártelo muy a pecho, o más bien comprender que esa persona está respondiendo de forma inadecuada ante algo que no le agrada. Al mismo tiempo, que es él o ella quienes deben tramitar su emoción negativa y que tú solo debes limitarte a no dejarte contagiar de ese sentimiento inadecuado.

- **Diez: Evalúa tus creencias perfeccionistas**

Si tienes una autoexigencia muy severa, vas a resentir de una manera muy intensa cualquier crítica que te hagan. Por eso es importante que reevalúes tu actitud. Piensa si es razonable tener expectativas tan altas. ¿Te hace bien o te limita? ¿Promueve tu evolución o te genera malestar emocional con frecuencia?

1.5 Ejercicios para mejorar la habilidad de decir NO

La comunicación asertiva es una habilidad que se aprende en la práctica. Puedes leer 100 volúmenes acerca del tema, pero si no aplicas los principios básicos en tus interacciones cotidianas, de nada va a servirte tanta información.

Para comenzar, te invitamos a realizar algunos ejercicios y tareas que te ayudarán a afianzar tu habilidad para ser asertivo y, en particular, para aprender a decir «no», sin sentirte culpable, ni hacerle daño a otras personas.

El inventario fatal

Toma papel y lápiz para hacer un listado de 10 ocasiones en las que recuerdes haber dicho «sí», cuando en realidad querías decir «no». Elige las más destacadas a lo largo de tu vida y piensa en las consecuencias que se derivaron de tu respuesta afirmativa.

Lista de deseos

También debes hacer una lista, pero en este caso el objetivo es identificar todas aquellas situaciones cotidianas en las que te gustaría dejar de decir «sí» solo para complacer a los demás. Imagina cómo te sentirías al negarte.

Disección

Toma una de las situaciones que describiste en los ejercicios 1 y 2. Describe la forma como se desarrolló la situación. ¿Qué ocurrió al comienzo? ¿Cuál fue la actitud de la otra persona al hacerte la solicitud? ¿Qué sentiste en ese momento? ¿Por qué dijiste que «sí»? ¿Cuál fue la respuesta o la actitud de la otra persona cuando accediste? ¿Qué sentiste después de este episodio y cómo lo recuerdas?

Identifica tu patrón

Trata de precisar de la manera más exacta posible cuál es la cadena de emociones que se produce en ti cuando alguien te pide algo y accedes a esto, en contra de tu deseo. Define cada emoción con una palabra. ¿Siempre ocurre igual? De no ser así, ¿podrías identificar otra u otras cadenas de emociones?

Imagina situaciones problemáticas

Para hacer este ejercicio debes imaginar situaciones en las cuales una persona que aprecias o temes te hace alguna petición que no quieres aceptar. Enseguida, piensa cómo aplicarías las técnicas para decir «no»: la técnica del sándwich, el banco de niebla, explicar las consecuencias, la frase de tres partes y el disco rayado.

El top 5 de responsabilidades

Identifica cinco de las responsabilidades que asumes con frecuencia, sin que tengas claro por qué te las asignan a ti. Piensa en la razón por la cual los demás piensan que eres tú quien debe llevar esa carga y por qué tú crees que no debería ser así.

Identificar las situaciones críticas

Reflexiona en torno a cuáles son las personas con las que más se te dificulta decir «no». Así mismo, cuáles son las peticiones a las que te resulta más difícil negarte. Trata de precisar por qué ocurre esto. En principio, esto te servirá para estar más alerta con esas personas específicas y en esas situaciones particulares.

Practica el «no»

Comienza con situaciones en las que tu negativa no sea tan comprometedora. Es buena idea ir a un supermercado y al llegar a la caja, decirle a la persona encargada que lo has pensado mejor y ya no quieres llevar ese producto. Di ese «no» de la manera más firme posible y piensa en cómo te sientes. Luego puedes practicarlo varias veces en situaciones similares. Vas a darte cuenta de que no era tan difícil como lo suponías.

Medita

Busca un lugar en donde puedas estar solo y sin interrupciones. Lo ideal es que sea un lugar cómodo. Siéntate y comienza a respirar profundo. Trata de seguir con la mente el recorrido del aire, desde que lo tomas por la nariz y recorre tu aparato respiratorio, hasta llegar a los pulmones. Luego, de vuelta, desde tus pulmones hasta que sale por la boca. Repite por cinco minutos continuos, todos los días, durante una semana. Te ayudará a conectarte contigo mismo.

Busca una causa

Sería muy provechoso para ti sumarte a una causa, bien sea por la defensa del medio ambiente, algún partido político o cualquier tema que coincida con aquello en lo que crees. Trabaja por esa causa al menos un par de horas por semana. Esto contribuirá a que te reafirmes como individuo.

Conclusión

Saber decir «no» es una de las habilidades asertivas más importantes. Se trata de una herramienta necesaria para preservar tu bienestar y reafirmar tu identidad en todo tipo de circunstancias. Así mismo, es uno de los factores que te va a permitir empoderarte y, de este modo, tomar las riendas de tu propio destino.

A partir de lo visto en este capítulo, ten presentes las siguientes premisas:

- Saber poner límites a los demás te otorga mayor libertad para ser quien eres, sin que otros condicionen tu conducta.

- Existen varias técnicas asertivas para decir «no». Algunas de ellas son el sánd-wich, el disco rayado, el banco de niebla, explicar las consecuencias y la frase de tres partes.

- El sentimiento de culpa es uno de los principales factores por los cuales una persona no logra decir «no» cuando quiere hacerlo.

- La mejor manera de evitar los sentimientos de culpa por decir «no» es aceptando que se tiene derecho a ello y que es imposible complacer a todo el mundo. Lo más indicado es racionalizar la situación y apegarse a los propios valores y principios.

- La mejor manera de decir «no» es haciéndolo de forma directa y honesta, sin rodeos, ni ambigüedades.

- Es necesario estar preparado para afrontar las reacciones negativas de alguien, cuando le digas «no». Lo más importante es entender que este tipo de conflictos pueden ser muy constructivos, si se manejan en la forma adecuada.

En el siguiente capítulo vamos a abordar uno de los temas más importantes dentro de la comunicación asertiva: la claridad y la concreción. Responderemos a preguntas tales como: ¿Cómo hablar para hacerte entender? ¿Cómo hablar menos y decir más? ¿Cuáles son las claves para que tus mensajes sean más eficaces y persuasivos? ¿Qué es y cómo puedes desarrollar la habilidad para la escucha activa? ¿Para qué te sirve todo esto? ¡Te esperamos!

CAPÍTULO 2: HABLAR SIN DECIR TONTERÍAS

«Cuida tus pensamientos, porque se convertirán en tus palabras. Cuida tus palabras, porque se convertirán en tus actos. Cuida tus actos, porque convertirán en tus hábitos. Cuida tus hábitos, porque se convertirán en tu destino» -Gandhi-

¿Sabes de dónde proviene la expresión «hablar por los codos»?

Todo indica que hace referencia a que quienes hablan mucho solo consiguen que su interlocutor se distraiga con frecuencia. Por eso, tienen que tocarle el codo repetidamente, para que vuelvan a prestarles atención. Eso es precisamente lo que se logra cuando se habla mucho y se dice poco: que los demás dejen de atender a lo que expresas.

Se estima que en la actualidad una persona recibe entre 3.000 y 5.000 mensajes publicitarios por día. Así mismo, se cree que alguien promedio está expuesto a unos 30 gigabytes de información diariamente. Esto equivale a algo así como 10.000 libros de tamaño normal. Todo esto ha llevado a una nueva patología: la infoxicación.

Hablamos de todo y recibimos información a cada segundo, pero no logramos procesar la mayor parte de los datos que nos llegan. Todo lo anterior es suficiente motivo para preocuparnos por reducir la cantidad de información que se emite y recibe día a día, aumentando la calidad al mismo tiempo. ¿Cómo hacerlo? De eso hablaremos en este capítulo.

2.1 Cómo evitar los discursos vacíos

> «*Las palabras son como monedas, que una vale por muchas como muchas no valen por una*». -Francisco de Quevedo-

Un discurso vacío es aquel en el cual hay un elevado flujo de palabras, pero, al mismo tiempo, una baja transmisión de conceptos. Dicho de una forma más simple, hablar mucho y decir poco. No siempre es fácil detectarlo, porque muchas veces se esconde detrás de una retórica rimbombante o muy llamativa.

Los discursos vacíos se caracterizan por su falta de sustancia. Están llenos de lugares comunes y de generalidades. Hay repetición continua de palabras o de ideas, así como muchas explicaciones frente a lo que es obvio. En algunas ocasiones, la falta de contenido está camuflada detrás de palabras complejas o disquisiciones aparentemente profundas, que nadie entiende. En esos casos, al mirar en detalle, tampoco se encuentran ideas sólidas o interesantes detrás de esa maraña de complejidad.

El lenguaje es la envoltura del pensamiento. Por lo tanto, podríamos decir que un discurso vacío representa una ausencia de ideas. El problema está en que esa carencia se disfraza con facilidad y es así como muchos terminan prestándole atención a lo que no lo merece.

Las características del discurso vacío

El discurso vacío tiene algunos rasgos que lo hacen identificable. ¿Cómo puedes reconocerlo? Las principales características de este tipo de comunicación son las siguientes.

Muchas palabras, pocas ideas

Este es el rasgo más característico del discurso vacío. Dice en 20 palabras lo que pudiera decir en cinco. No existe la intención de comunicar ideas o conceptos específicos, sino que se centra en una disquisición interminable que muchas veces no se sabe a dónde va.

Repetición interminable

Otra característica del discurso vacío es el hecho de que en este se hacen muchas reiteraciones, sin necesidad. La misma idea se expresa de diferentes maneras, aunque se trate de algo muy simple. Este rasgo también se aprecia en la repetición de palabras.

Gran cantidad de rodeos

En el discurso vacío se dan muchos rodeos alrededor de un planteamiento simple. Es como si no se pudiera ir al grano de una vez por todas. Esto se debe a que, en realidad, no hay una esencia a la cual llegar.

Dispersión

En este tipo de discurso se habla de todo y de nada a la vez. No hay orden en el planteamiento de las ideas y por eso, con frecuencia, el tema termina derivándose hacia asuntos que no tienen nada que ver con el asunto inicial o central.

Retórica

Este es uno de los rasgos más engañosos de algunos discursos vacíos. Quien habla tiene una gran fluidez y facilidad de palabra. Usa gran cantidad de adjetivos y suele ofrecer frases impactantes. Por eso, incluso puede ser agradable escucharlo, aunque al final no esté diciendo nada.

Evitar el discurso vacío

En un mundo atiborrado de información no vale la pena hablar por hablar. Por desgracia, casi nadie comprende esto. Existe la creencia de que entre más hable una persona, más activa es su mente. Sin embargo, hablar demasiado más bien suele ser una señal de ansiedad o de inseguridad.

¿Cómo evitar esa tendencia a hablar sin decir nada? Toma nota de los siguientes consejos.

Piensa antes de hablar

Incluso en conversaciones casuales siempre es importante pensar antes de hablar. No tienes que hacer un plan detallado, pero sí evitar la impulsividad. Tómalo con calma, haz una pausa y luego sí exprésate. Esto es aun mucho más importante en situaciones tensas o que impliquen asuntos de importancia.

Aprende a escuchar

Escuchar es tan importante como decir. Si estás en una conversación cotidiana, presta atención a lo que la otra persona te dice. No la interrumpas antes de que termine de hablar. Atiende no solo a sus palabras, sino también a su actitud: esa es también una forma de escucha.

Ve al grano

Trata de enfocarte en un solo tema y profundizar en este, antes de pasar a otro asunto. Los rodeos y las divagaciones solo dispersan tu mensaje y eventualmente lo hacen más confuso. Es bueno complementar la idea central, ilustrarla, traer ejemplos a colación y usar recursos para reforzar tu punto. Lo que no conviene es irte por las ramas y perderte en una jungla de palabras.

Lo bueno, si breve...

Hay un famoso aforismo de Baltasar Gracián que dice: «Lo bueno, si breve, dos veces bueno». No podría haber un consejo más sabio. Expresar más ideas con menos palabras es alcanzar la excelencia en la comunicación. Dale a cada idea el número justo de palabras y no te explayes en lo que no lo amerita.

Prioriza las descripciones

Siempre es preferible describir que calificar para no caer en el discurso vacío. Al hacer una descripción te obligas a concretar las ideas; en cambio, si te enfocas en la calificación, solo estarás transmitiendo una percepción subjetiva. Eres más concreto y claro cuando dices «El cielo está azul y sin nubes» que cuando señalas «El cielo está transparente y liso». ¿Notas la diferencia?

Eleva tu habilidad lingüística

Una de las claves para evitar los discursos vacíos es mejorar tu capacidad de expresión. Entre más conozcas el idioma y mayores destrezas desarrolles, mejor será tu comunicación oral y escrita. El camino ideal para incrementar tu habilidad lingüística es la lectura. Sin darte cuenta, esto enriquece tu habla y además te aporta información de calidad que luego puedes compartir.

2.2 La importancia de ser claro y conciso en la comunicación

«Una voz fuerte no puede competir con una voz clara, aunque ésta sea un simple murmullo». -Confucio-

Uno de los aspectos más importantes de la comunicación es asegurarse de que el mensaje llegue al receptor de la manera más adecuada. Si el interlocutor no entiende lo que le dices, tiene dificultades para seguir el hilo de tu pensamiento o pierde el interés en lo que dices, el proceso comunicativo se interrumpe y corre el riesgo de romperse.

El factor que más altera la buena comunicación es la falta de claridad. El filósofo Ludwig Wittgenstein dijo la siguiente frase en el prólogo de su obra *Tractatus logico-philosophicus*: «lo que siquiera puede ser dicho, puede ser dicho claramente; y de lo que se no puede hablar hay que callar». ¿Qué quiso decir? En resumen, que solo se debe hablar cuando se tiene clara la idea a expresar. Y que todo debe decirse con sencillez.

Uno de los elementos que más favorece la claridad es la concisión. La Real Academia Española (RAE) la define como «Brevedad y economía de medios en el modo de expresar un concepto con exactitud». Dicho de otra manera: usar la menor cantidad de palabras posible para decir algo y ser precisos.

Así pues, claridad y concisión son los dos grandes ejes de un mensaje efectivo. Veamos cada uno de estos conceptos con mayor detalle.

La claridad

Comunicarte con claridad es una habilidad que incluye diversas variables. La primera de ellas son las palabras. Siempre es mejor elegir los términos que sean más comprensibles. Emplear palabras extrañas o muy técnicas, incluso con un público especializado, suele alterar la comunicación.

El segundo elemento tiene que ver con la forma como organizas las palabras en frases y oraciones. Las construcciones más sencillas son también las más comprensibles y eficaces. En lugar de decir «No es cierto que esa persona no quería asistir», mejor señalar «Esa persona quería asistir». El significado es el mismo, pero evidentemente en el segundo caso es más fácil comprenderlo.

Un tercer aspecto tiene que ver con la coherencia. Tu discurso se vuelve mucho más claro cuando sigue un orden lógico. Digamos que quieres hablar acerca de las personas superdotadas. Lo más razonable sería comenzar diciendo qué son, cuáles son sus características, cómo se manifiestan sus capacidades, etc. Si empiezas hablando de los problemas de adaptación de los superdotados, sin haber mencionado quiénes son y qué los caracteriza, es probable que tu interlocutor se confunda y no pueda seguir tu exposición de ideas. Lo mismo ocurre cuando incurres en contradicciones. La coherencia es un elemento clave de la claridad y viceversa.

La concisión

La claridad de la expresión depende en gran medida de la concisión. El camino para ser conciso es volverte muy tacaño con las palabras. No las malgastes. Emplea solo el número de términos justo para decir algo. Así mismo, dosifica la información que estás brindando: no pretendas meter cinco ideas en una sola frase.

Uno de los aspectos en los que debes fijarte es el tema de la repetición. Si ya dijiste algo, no tienes por qué reiterarlo, a menos que tu objetivo consciente sea el de reforzar y fijar este mensaje. Así mismo, elimina las muletillas.

Enriquecer tu léxico es muy positivo para ser más conciso y claro. Trata de evitar las palabras con significados vagos como «mal», «bien», «bueno», «malo», etc. Si te esfuerzas un poco, seguro vas a encontrar sinónimos mucho más precisos. De paso, te van a ahorrar un montón de palabras.

Por supuesto, es muy importante eliminar los datos que sean irrelevantes, obvios o no aporten información. También los rodeos: siempre es mejor ir directamente al tema. No hacerlo genera distracción y puede incluso volverse un poco desesperante. Ser lacónico tampoco es una opción adecuada. Lo ideal es buscar un equilibrio en el uso de las palabras: ni tantas que agobien a tu interlocutor, ni tan pocas que lo dejes en ascuas.

2.3 El Plan Maestro para comunicarse de manera clara y concisa

«Entre dos explicaciones, elige la más clara; entre dos formas, la más sencilla; entre dos expresiones, la más breve». -Eugenio d'Ors-

Todos somos capaces de comunicarnos de una forma clara y concisa, en cualquier circunstancia. Algunas personas tienen una habilidad natural para usar el lenguaje de manera fluida y casi sin tropiezos. Otros, en cambio, no son tan diestros en el manejo del habla o la escritura. Sin embargo, sea cual sea el caso, siempre es posible mejorar.

Los problemas de claridad y concisión suelen tener dos orígenes: o hace falta desarrollar algunas habilidades lingüísticas, o bien se trata de un problema emocional sobre el que también se puede trabajar. En este último caso, la excesiva timidez, la ansiedad o la rigidez psicológica juegan malas pasadas.

De todos modos, hay varias técnicas que pueden ayudarte a elevar tu nivel comunicativo. Lo más importante no es que las conozcas, sino que las practiques. Todas son muy sencillas y solo necesitas un poco de perseverancia para que surtan efecto. Veamos cuáles son.

1- Elabora un mapa mental o un esquema básico

Como ya lo habíamos indicado antes, siempre es conveniente pensar antes de hablar. Sin embargo, en las conversaciones íntimas o casuales hay un margen mucho más amplio para la espontaneidad. En cambio, una situación profesional o académica requiere mucho más control de la situación. En esos casos, exponer tus ideas de una forma clara y concisa se convierte en un factor crítico.

Por eso, lo más indicado es que elabores un esquema o un mapa mental antes de hablar. Si se trata de una intervención corta o no muy formal, basta con que anotes la idea central en un papel y quizás una o dos ideas secundarias. Hazlo en orden de mayor a menor importancia. Esto ayuda a que no te desenfoques y a que conserves el orden.

Si tu intervención es más larga, en especial si está revestida de una importancia especial (como ocurre, por ejemplo, en un juicio) lo mejor es que elabores un mapa mental. Define la idea central y cinco ideas secundarias, cada una en una sola frase. Si es del caso, anota también las ideas terciarias o indica los elementos que complementan las ideas secundarias. Haz un gráfico en el que esté plasmado todo esto, en forma jerárquica, como si fuese un organigrama.

2- Define un objetivo

Para mantener la coherencia de tu discurso y evitar irte por las ramas, lo más aconsejable es que definas claramente cuál es el objetivo de la comunicación. ¿Qué buscas al hablar? ¿Qué la otra persona o el grupo se convenzan de que algo es positivo o negativo? O, más bien, ¿pretendes motivarlos? ¿O, quizás, poner en tela de juicio alguna idea?

Si tienes tu objetivo claro, va a ser mucho más fácil para ti orientar las palabras hacia ese propósito.

3- Piensa en tu interlocutor

Entre más conozcas a tu interlocutor, más posibilidades tienes de concretar una comunicación efectiva. Para efectos de claridad, debes tomar en cuenta el nivel de conocimiento promedio, así como los intereses de la otra persona. No es lo mismo dirigirte a un niño, que a un adulto; como tampoco lo es hablarle a tu jefe que a un compañero de trabajo.

En general, no debes emplear referencias extrañas, ni tecnicismos poco comunes, incluso si te diriges a un interlocutor especializado. En caso de que sea necesario emplear palabras de escaso uso o referencias poco conocidas, lo indicado es que hagas una breve explicación. No des por sentado que el otro tiene determinados conocimientos.

4- Toma en cuenta el contexto

El contexto se convierte es otro factor determinante en la comunicación. Si haces tu intervención en un entorno dominado por el conflicto, tus palabras van a tener un efecto diferente a si lo haces en el marco de una situación en la que hay armonía.

Los principales elementos a tener en cuenta son el clima emocional, la disponibilidad de tiempo, la buena o mala actitud de tu interlocutor, la comodidad del espacio, las interrupciones, etc. A veces una buena conversación se ve interrumpida o alterada por factores que no parecen importantes a simple vista, como una lluvia torrencial o mucho calor. Toma en cuenta todos esos elementos al momento de hablar.

5- Define una estrategia

Si la conversación o la intervención revisten mucha importancia, lo mejor es que definas una estrategia comunicativa. Esto es una ampliación del mapa mental. Debes tener muy claro qué vas a decir primero y qué sigue después. También es importante que establezcas si es necesario acudir a ayudas, como ejemplos o gráficos, para hacer más sencilla la comprensión de algunos aspectos complejos.

La estrategia se refiere al «cómo» vas a transmitir tu mensaje, con base en tus objetivos, el interlocutor y el contexto, haciendo énfasis en la claridad y la concisión. Debe responder a las siguientes preguntas: ¿Cuáles son los aspectos más difíciles de entender en tu mensaje? ¿Por qué? ¿De qué manera podrían ser más comprensibles? ¿Qué elementos pueden generar confusión? ¿Es necesario mantenerlos? De ser así, ¿cómo conseguir que sean claros para los demás?

6- Cuida tu lenguaje no verbal

Recuerda que el lenguaje no verbal comunica más que el verbal. Tus posturas y tus gestos pueden ayudar de manera significativa a clarificar un mensaje. El tono de tu voz y tu actitud le indicará a los demás si estás tratando un asunto muy serio o si más bien estás abordando algo sin mucha importancia.

Tu lenguaje no verbal contribuye de forma inconsciente a crear un clima emocional durante la conversación o la intervención. Refuerza lo que dices o bien puede contradecirlo. Si no manejas bien esta variable, lo mejor es que trates de adoptar posturas y gestualidad neutras, de modo que no generes «ruido» en la comunicación.

7- Reduce la velocidad en el habla

El ritmo al hablar es otro de los factores que influyen en la claridad de tu mensaje. Por regla general, no es conveniente que expreses tus palabras a gran velocidad. En primer lugar, va a ser difícil seguirte, en especial si estás hablando de algo que no es fácil de entender. En segundo lugar, imprimes inquietud y hasta nerviosismo en tu interlocutor.

Uno de los efectos del nerviosismo es el de provocar un habla rápida. Si esto te ocurre, basta con hacer una pequeña pausa y tratar de respirar con más lentitud. Si hablas con menos velocidad, de forma natural tus palabras van a adquirir un tono de autoridad y lograrás que tus interlocutores presten más atención. Así mismo, controlarás mejor el flujo de tu pensamiento.

8- Proyecta bien la voz

Aunque suele parecer un factor sin mucha importancia, lo cierto es que si hablas muy bajo no van a escucharte y, a la vez, esto podría afectar la comprensión del mensaje. Si respiras adecuadamente, tu voz va a proyectarse mucho mejor.

Es habitual que la timidez lleve a hablar a un bajo volumen. Es como si una persona se avergonzara de lo que tiene por decir. Además de que con esto envías un mensaje inadecuado en torno a ti mismo, también interfiere en la claridad. Es importante practicar para que la voz se proyecte de forma adecuada.

9- Pronuncia las palabras de forma correcta

La claridad también incluye el pronunciamiento correcto de cada palabra. De hecho, si pronuncias bien, sin darte cuenta apenas estarás más concentrado en lo que dices, reducirás la velocidad y proyectarás mejor tu voz.

10- Menos es más

Esta es la premisa de oro de una buena comunicación. Siempre que puedas eliminar ideas que no aportan mucho, o palabras con poco significado, hazlo. Ser sintético es una habilidad adquirida que se consigue con la práctica diaria.

2.4 ¿Ya conoces tus pensamientos negativos y distorsiones cognitivas?

> «*Pocas cosas en el mundo son tan poderosas como la positividad. Una sonrisa. Una palabra de optimismo y esperanza. Un tú puedes hacerlo cuando las cosas van mal*». -Richard DeVos-

Nos hemos concentrado hasta ahora en la importancia de evitar los discursos vacíos y del papel que juegan la claridad y la concisión en ese propósito. Sin embargo, para que tus palabras sean claras y directas, primero debes tener un pensamiento claro y libre de distorsiones.

En el marco de la comunicación asertiva es fundamental desarrollar puntos de equilibrio emocionales. Solo de esa manera se pueden expresar los deseos, necesidades y desacuerdos de una forma clara y directa, sin afectar a otras personas.

Muchos no logran alcanzar ese punto de equilibrio, debido a la perspectiva que adoptan para interpretar la realidad. Si el punto de vista enfatiza lo negativo y, en función de esto, da lugar a percepciones erróneas, lo más probable es que la nota predominante sea la comunicación conflictiva, en lugar de la comunicación asertiva. Enseguida hablaremos acerca de los pensamientos negativos y de las distorsiones de pensamiento que impiden la asertividad.

Los pensamientos negativos

No es la realidad lo que provoca emociones en una persona. Lo determinante es la forma como se piensan los sucesos y, en consecuencia, la interpretación que se les da. Por eso, la misma situación puede ser percibida, sentida e interpretada de formas muy diferentes por cada persona. La mejor manera de ilustrar esto es con la famosa metáfora del vaso con agua a la mitad: ¿está medio lleno o está medio vacío? Cada persona elige.

El ser humano tiende a darle mayor importancia a los hechos negativos, en gran medida por instinto. Los sucesos amenazantes o peligrosos ponen en entredicho la supervivencia física o psicológica. Por eso provocan un impacto mayor que los sucesos positivos, se quedan más grabados en la memoria y son más difíciles de digerir.

Cuando la ansiedad está presente, lo habitual es que comiencen a verse amenazas donde no las hay. O se exagere el peligro, sin bases para hacerlo. Esta condición psicológica se expresa a través de los pensamientos negativos. Son ideas que aparecen de una forma automática para activar el temor y/o la ira. Esto, a su vez, provoca respuestas de huida o lucha. Eso es muy acertado cuando el peligro es real. En cambio, si el riesgo es solo imaginario, llevan a conductas erráticas e irracionales.

De este modo, una persona termina pensando que un simple dolor de cabeza es síntoma de un tumor cerebral. O que es mejor no estar cerca de la playa, porque nunca se sabe cuándo habrá un tsunami. O quizás, que es mejor no salir de casa porque hay muchos peligros en la calle. Total, la vida puede convertirse en un infierno.

Los pensamientos negativos llegan a tener mucho poder. Suelen ser muy invasivos y por eso no es fácil controlarlos. Con frecuencia, conducen a una serie de distorsiones cognitivas que llegan a determinar la forma como vemos el mundo y a las demás personas.

Las distorsiones cognitivas

Las distorsiones cognitivas son patrones mentales que alteran la percepción objetiva de la realidad. Son el hijo favorito de los pensamientos negativos y pueden convertirse en rasgos permanentes que condicionan la forma en que vives.

Estas distorsiones crecen como mala hierba en tu interior y llegan a limitar significativamente tu libertad y tu evolución como ser humano. Las distorsiones cognitivas son un concepto que le debemos al ilustre psicólogo Albert Ellis, padre de la Terapia Racional Emotiva. Las definió como «trampas» del pensamiento que conducen a una interpretación ilógica y errónea de la realidad.

Las principales distorsiones cognitivas son las siguientes.

Pensamiento dicotómico o polarizador

Esta distorsión cognitiva se caracteriza por la adopción de puntos de vista extremos, ignorando deliberadamente los matices. O es blanco o es negro; o es falso o es verdadero, etc. Como cuando se dice: «Si no estás conmigo, estás contra mí»; o sea, si no estás de acuerdo en todo conmigo, significa que eres mi enemigo.

Sobregeneralización

En este caso se toma una parte de la realidad y se interpreta como si fuera el todo. Se generaliza algo, de forma arbitraria. Por ejemplo, alguien intenta aprender a bailar y no lo logra en la primera clase; de esto infiere que no es bueno para el baile y que no logrará aprender nunca.

Etiquetamiento

El etiquetamiento es una sobregeneralización llevada a su máxima expresión. Consiste en clasificarse peyorativamente a uno mismo o a otra persona y a partir de esto ubicarse o ubicar a otro dentro de una categoría determinada para siempre. Como cuando una persona comete algunos errores y dice «Soy un estúpido». O cuando alguien dice «Todos los hinchas de ese equipo son unos ignorantes».

Abstracción selectiva o filtraje

Consiste en sacar un elemento de su contexto para interpretarlo de forma amañada y, por lo general, negativa. Por ejemplo, una persona es habitualmente serena y afable. Sin embargo, pasa por un mal momento y tiene muchas presiones. De pronto, dice que está estresada. Entonces alguien afirma: «Ya sabía que no eras una persona tan ecuánime como lo aparentas».

Descalificación de experiencias positivas

Es la tendencia a poner excesivo énfasis en las experiencias negativas y, al mismo tiempo, ignorar las experiencias positivas. Un ejemplo: Luis saca 9/10 en un examen. Lo felicitan y él dice: «Fue solo un 9, no 10». O responde con una frase como esta: «De nada vale un 9 en esta materia, si tengo las demás en 7».

Inferencia arbitraria

La inferencia arbitraria consiste en dar por hecho algunas suposiciones, cuando no hay evidencia que las soporte. Dentro de esta categoría hay dos modalidades básicas:

- Adivinación del pensamiento. Supuestamente se conocen las intenciones o pensamientos de los demás, sin que esto sea producto de un razonamiento o una inferencia lógica. «Si pido el aumento, mi jefe pensará que soy ambicioso y materialista».

- Profecía autocumplida. Es una anticipación a consecuencias negativas. Esto condiciona y lleva a que, en efecto, se produzca un resultado negativo, por condicionamiento. «Si hablo en público, voy a tartamudear». El mismo temor hace que de veras se presente el tartamudeo.

Magnificación y minimización

Esta distorsión cognitiva lleva a magnificar un aspecto, al tiempo que se minimiza otro. Tiene lugar frecuentemente cuando alguien con baja autoestima decide compararse con otra persona: ve las virtudes del otro más grandes de lo que son y las propias como algo insignificante.

Razonamiento emocional

Tiene que ver con la incapacidad de distinguir la realidad externa de la interna. Por lo tanto, si una persona se siente mal, comienza a creer que todo está mal. O viceversa: asume que todo está mal y que por esto se siente mal. Por ejemplo: «No tolero tanta injusticia, pero no puedo hacer nada porque no tengo poder».

Los imperativos categóricos

Los imperativos categóricos son creencias inflexibles acerca de cómo debe ser uno mismo o los demás. Favorecen una autocrítica implacable, si están dirigido a la propia persona, o el rencor y la ira, si se dirigen a otros. Se manifiestan en expresiones como «Debería» o «Tendría que». La persona se dice «Debería dejar de fumar» y como no lo hace, se siente culpable o frustrada. Lo indicado es reemplazar el «Debería» por «Me gustaría» o el «Quisiera».

Personalización o falsa atribución

Tiene lugar cuando una persona asume que es la causa de sucesos negativos que, en realidad, no están bajo su control. También cuando se siente aludido si alguien hace algún comentario negativo, aunque en realidad no tenga que ver con él. Por ejemplo: «Aléjate de mí. Le doy mala suerte a la gente». O «Lo dicen al oído porque están hablando mal de mí».

Visión catastrófica

Ocurre cuando alguien se anticipa al desenlace de los acontecimientos, asumiendo que será desastroso. O cuando supone que le ocurrirá algo muy malo, sin saber por qué. Por ejemplo: «Hay muchas empresas que están quebrando. En cualquier momento puede suceder lo mismo en la empresa donde trabajo. Me echarán a la calle...».

Falacia de control

Tiene lugar de dos maneras. La primera, cuando se asume que uno tiene el control sobre todo, sin que sea así. Ejemplo: «No he logrado que mi hijo cambie. Soy un desastre como madre». O también se manifiesta al contrario, cuando se asume que no hay nada que hacer, cuando en realidad sí es posible intervenir en algo. Por ejemplo, «El cambio climático acabará con los seres humanos. Qué más da lo que yo haga».

Falacia de cambio

Consiste en suponer que si hay una dificultad, no se puede hacer nada hasta que no cambie la situación o persona con las que se tiene ese problema. «Hasta que no seas puntual, no voy a sentirme tranquila». O «Mientras no tenga un jefe justo, de nada valen mis esfuerzos por ascender de cargo».

Falacia de recompensa divina

Esta falacia tiene lugar cuando se espera que alguna fuerza oculta proporcione o mejore algo en el futuro, aunque uno permanezca pasivo. «Algún día la vida me recompensará por los momentos duros que he pasado». «Tarde o temprano esa persona pagará por haberme robado».

En resumen...

La persistencia de los pensamientos negativos da lugar a la conformación de patrones mentales equívocos. A estos se les conoce como distorsiones cognitivas y son formas erróneas de percibir y procesar la realidad. Esto ocurre, en gran medida, por la tendencia a encerrarse en una burbuja personal, sin tomar en cuenta lo que ocurre fuera de nosotros mismos.

Uno de los caminos para contrarrestar esta tendencia es la escucha activa. Esta habilidad contribuye a que te conectes con los demás de una forma más profunda y genuina. Al hacerlo, comienzas a darte cuenta de que muchos de tus patrones de pensamiento no coinciden con la realidad. ¿Cómo desarrollar la escucha activa? Lo veremos enseguida

2.5 Cómo desarrollar habilidades de escucha activa

"La sabiduría viene cuando uno es capaz de aquietarse. Sólo mira, sólo escucha. No hace falta nada más. Aquietarse, mirar y escuchar activa la

inteligencia no conceptual que anida dentro de ti. Deja que la quietud dirija tus palabras y tus acciones". -Eckhart Tolle-

La escucha activa se define como una modalidad de escucha cuya finalidad es comprender al otro. Para lograrlo, se centra la atención en la otra persona, en lugar de hacerlo en lo que se le va a decir o responder. Esto lleva a que tu interlocutor se sienta escuchado y, por lo mismo, confortado al conversar contigo.

Este tipo de escucha mejora la comunicación y fomenta el entendimiento. También ayuda a desarrollar lazos de confianza y reduce el riesgo de conflicto. Los detectives del FBI han señalado que las técnicas de escucha activa han sido muy útiles para ellos durante las negociaciones de secuestros.

Así mismo, los maestros, psicólogos e incluso los vendedores se benefician mucho de la escucha activa. Buena parte de las tensiones que se producen en las relaciones cotidianas podrían gestionarse y aliviarse mediante este tipo de escucha.

¿Cómo desarrollar la escucha activa? Los siguientes son algunos de los medios de los cuales puedes valerte para adquirir o mejorar tus habilidades de escucha activa.

No interrumpas al otro mientras que habla

La regla de oro de la escucha activa es precisamente la de escuchar. Por eso, es muy importante que hagas a un lado los pensamientos que aparezcan, mientras la otra persona habla. Debes abstenerte de interrumpir al otro, a menos que haya una buena razón. Por ejemplo, que no entendiste algo.

Evita los juicios y los consejos

En la esencia de la escucha activa está la aceptación del otro. Si comienzas a hacer juicios positivos o negativos, significa que estás más atento a tu diálogo interno que a las palabras de la otra persona. No debes ni emitir juicios, ni dar respuestas. Esto último incluye los consejos.

Parafrasea y resume

Solo debes repetir con tus propias palabras los aspectos más importantes de lo que ha dicho el otro, sintetizando el mensaje. Esto te ayuda a comprobar si realmente has entendido lo que quisieron decirte. Por otro lado, es una evidencia de que en verdad has escuchado. Es una excelente herramienta para conectar a fondo con la otra persona.

Redirige la conversación, si es necesario

Si tu interlocutor comienza a divagar o pierde el hilo de su idea central, el escuchador activo está ahí para ayudarle a centrarse nuevamente. Es también una evidencia de que estás escuchando atentamente y de que tu objetivo es facilitar que la otra persona se exprese plenamente.

Adopta un lenguaje no verbal positivo

El lenguaje no verbal debe comunicar en particular dos ideas. Una, que estás abierto a lo que la otra persona tiene por decir. Por eso, debes evitar posturas corporales de bloqueo o cierre, como cruzar los brazos. La segunda idea que comunicas con la escucha activa es que apruebas al otro. Un ceño fruncido o un gesto facial de rechazo rompen la conexión.

Pregunta

La pregunta cumple dos papeles centrales dentro de la escucha activa. Por un lado, muestra que estás conectado con la otra persona. Por el otro, anima a tu interlocutor a seguir hablando o a profundizar sobre algún aspecto. Emplea preguntas cerradas para corroborar la información o puntualizar algún asunto. Las preguntas abiertas, en cambio, son las indicadas para ampliar o complementar el tema central.

Encuentra el significado profundo

Una persona no solo te habla con las ideas, sino también con el corazón. Mucho de lo que tiene por decir no se expresa a través de las palabras, sino también de las actitudes, los gestos, el tono de voz, etc. Un escuchador activo está atento a todas esas señales y, de este modo, logra captar el significado profundo de lo que el otro dice.

Responde a los sentimientos y no a las palabras

Con base en lo anterior, en la escucha activa debes estar más atento a las emociones involucradas, que a las palabras. Respondes a esas emociones y no a las palabras. Si la otra persona te dice «No sé qué hacer», lo indicado no es responderle con instrucciones, sino con un gesto empático: «Debe ser un gran peso para ti no saber qué camino tomar».

Ayuda a clarificar

Escuchar activamente es implicarse en la expresión del otro. Por eso es válido ayudarle a esa persona a clarificar lo que piensa y siente. La mejor manera de hacerlo es con preguntas o sugerencias de reflexión: «Si no sabes qué hacer, quizás podrías pensar primero en lo que no debes hacer».

Emplea refuerzos positivos

Aunque parezca algo trivial, una persona que está exponiendo sinceramente lo que siente y piensa, necesita gestos de aprobación para seguir adelante. Palabras como «Comprendo» o gestos como asentir con la cabeza son muy útiles para que el otro se sienta cómodo y en confianza.

Respeta los silencios

Las personas acuden al silencio como medio para pensar un poco mejor. Así mismo, para evaluar si dicen o dejan de decir algo. Forman parte de la expresión libre. Debido a esto, lo indicado es respetar aquellos momentos en los que la otra persona deja de hablar. Es importante evitar la tentación de llenar esos silencios con cualquier palabra, como si hubiera premura o se temiera una ruptura de la comunicación.

Evita estos errores

Hay tres errores típicos en los que alguien no muy experimentado puede incurrir. El primero, ser condescendiente con el otro o «llevarle la idea». El segundo, tratar de minimizar la importancia de lo que te cuentan, con el objetivo de confortar al otro, como cuando se dice «no te preocupes por eso». Tercero, angustiarse si el otro llora o tiene una manifestación emocional muy evidente. Todos son errores porque indican que no estás centrado en el otro, sino en tus propias emociones y creencias.

Usa la escucha activa cuando es pertinente

La escucha activa no debe ponerse en práctica en todo momento, pues sería agotador y, muchas veces, innecesario. Esta habilidad es particularmente pertinente para resolver conflictos, encontrar soluciones a una situación problemática, moderar reuniones, incrementar la colaboración o desarrollar una negociación.

Ejercicios prácticos para mejorar la comunicación efectiva

Ha llegado el momento de ejercitar las habilidades que hemos abordado en este capítulo. Como siempre, nuestra recomendación es que seas disciplinado y perseverante para obtener resultados visibles. Manos a la obra.

Ejercicios de claridad en el habla

Este grupo de ejercicios tienen como objetivo mejorar tu forma de hablar, desde el punto de vista físico. Practícalos a diario, en especial si crees que tienes problemas en este aspecto.

Soplar bolitas de papel

Elabora tres bolitas de papel de tamaño mediano y colócalas sobre una superficie. Después, toma una pajilla o pitillo y sopla para hacerlas mover de un punto a otro. Repite por tres minutos. Esta es una manera de estimular los músculos de la boca y te ayudará a mejorar la dicción.

Pronunciar vocales

Inhala aire por la nariz, con la boca cerrada y luego exhala lentamente. Mientras haces esto último, pronuncia las cinco vocales, cuidando de vocalizarlas muy bien, de modo que se entiendan claramente. Te ayudará con la vocalización.

La lengua

Este es otro de los ejercicios que debes hacer a diario, si tienes dificultades para vocalizar o proyectar bien tu voz. Solo tienes que hacer 10 giros con la lengua, en todas las direcciones. Después, estira la lengua hacia afuera y enseguida llévala al paladar. Repite 10 veces.

Modulación y velocidad

Para modular mejor y hablar a una velocidad adecuada, lo mejor es practicar con trabalenguas. Así mismo, es buena idea que tomes un libro y leas un párrafo, más o menos largo. Primero, léelo muy lentamente. Después, aumenta la velocidad un poco y enseguida lee lo más rápido que puedas. Compara.

Labios y músculos faciales

Infla las mejillas y pasa el aire de un lado a otro, durante un minuto. Después, toma un lápiz y colócalo entre tus dientes. Comienza a hablar o lee un texto, tratando de que se entiendan todas las palabras que estás diciendo. Repite tres veces este ejercicio.

Ejercicios de fluidez lingüística

Los ejercicios de fluidez lingüística tienen por objeto mejorar el manejo del idioma, de manera que cada vez logres ser más claro y conciso. Practícalos tan frecuentemente como sea posible.

Sinónimos y antónimos

Pídele a una persona que te diga una palabra y piensa primero en todos los sinónimos que recuerdes. Después, señala los antónimos. Para finalizar, consulta un diccionario de sinónimos y antónimos para complementar tu trabajo. Hay muchos que puedes encontrar en línea.

Conciencia de la expresión

Este es un ejercicio que probablemente va a reportarte muchas sorpresas. Piensa en un tema que conozcas bien y elabora una pequeña disertación de tres minutos. Grábate hablando. Después, piensa en cuáles son los problemas que puedes estar teniendo con tu expresión oral. Lo mejor es repetir el ejercicio grabándote en video. Así podrás apreciar tu lenguaje no verbal también.

Síntesis

Escucha con atención algún mensaje de voz que te hayan enviado. Si no cuentas con esa posibilidad, entonces opta por escuchar un programa de radio que se haga en vivo. Después, establece la idea central de lo que escuchaste, en una sola frase. Así mismo, elige una oración larga que hayas escuchado y vuélvela a elaborar con menos palabras.

Esquemas y mapas mentales

Mira un video corto o una noticia en televisión. Después, trata de representar el contenido de lo que viste en un mapa mental. Indica cuál fue la idea central, las ideas secundarias y las terciarias. Grafícalo como si fuera un organigrama.

Exponiendo una idea

Prepara una breve exposición de cinco minutos sobre un tema que conozcas y te guste. Elabora un esquema o mapa mental. Haz tu disertación y grábate. Después, evalúa los puntos fuertes y débiles que tienes al hablar.

Ejercicios de pensamiento negativo y distorsiones cognitivas

Estos ejercicios te ayudarán a tomar conciencia sobre los patrones de pensamiento inadecuados. Llévalos a cabo cada vez que puedas.

Identificando pensamientos negativos

En la noche, trata de recordar si tuviste algún pensamiento negativo durante la jornada. Anótalo. Haz lo mismo durante una semana y después evalúa. ¿Hay pensamientos que se repiten? ¿Cuáles son las frases que usas para expresar tales pensamientos? Hacer conciencia te ayudará a erradicar esas ideas.

Las distorsiones cognitivas

Elabora un ejemplo de cada una de las distorsiones negativas que abordamos en este capítulo. Si el ejemplo tiene que ver contigo mismo, mucho mejor.

Ejercicios de escucha activa

Los ejercicios de escucha activa sirven para entrenar las habilidades básicas de esta herramienta de comunicación asertiva. Trata de practicarlos, en especial, en el marco de desacuerdos o situaciones conflictivas.

Parafraseo y preguntas

Durante una conversación, parafrasea lo que dice tu interlocutor. No debes repetir exactamente sus palabras, sino decir las ideas en tus propios términos. Así mismo, formula al menos una pregunta abierta y una cerrada. Trata de captar la reacción de la otra persona cuando haces todo esto.

Escuchando sin juzgar

Después de una conversación espontánea con alguien que conoces poco o con quien no tienes la mejor relación, anota los juicios que hiciste mentalmente sobre esa persona.

Reflexiona sobre esta pregunta: ¿qué aportan esos juicios a la comunicación con ese interlocutor?

Conclusiones

En este capítulo hemos abordado la importancia de llenar de contenido nuestras palabras, evitando caer en discursos vacíos que, en la mayoría de los casos, solo hablan de falta de concentración y de ansiedad. Así mismo, hicimos referencia a la importancia de la claridad y la concisión. Finalmente, tratamos los temas de distorsiones cognitivas y escucha activa.

No debes olvidar los siguientes puntos:

- Los discursos vacíos se caracterizan por ser repetitivos, dispersos, retóricos y densos. Se evitan pensando antes de hablar, escuchando, siendo más concretos y elevando el nivel lingüístico.

- La claridad y la concisión son las virtudes por excelencia en una comunicación efectiva.

- La mejor manera de ser más claro y conciso es planear lo que vas a decir, pensar en tu interlocutor, tener presente el contexto y controlar adecuadamente el lenguaje verbal y no verbal.

- Los pensamientos negativos son creencias irracionales que se originan en miedos o enojos no resueltos. Dan lugar a distorsiones cognitivas. Estas últimas impiden hacer una valoración objetiva de la realidad.

- La escucha activa es fundamental en el marco de la comunicación asertiva. Hay varias técnicas que permiten desarrollarla. Dentro de estas se destacan el parafraseo, la formulación de preguntas y la decodificación afectiva.

En el siguiente capítulo vamos a ver uno de los temas más interesantes y útiles de la comunicación asertiva: el habla persuasiva. Abordaremos los mejores métodos para que logres ser un gran orador y para que consigas hablar en público de manera exitosa. ¡No te lo pierdas!

CAPÍTULO 3: CONVIRTIÉNDOTE EN UN HABLADOR PERSUASIVO

«El arte de persuadir consiste tanto en el de agradar como en el de convencer; ya que los hombres se gobiernan más por el capricho que por la razón».
-Blaise Pascal-

Demóstenes es considerado el orador más grande de todos los tiempos. Este gran político griego comenzó su carrera en medio de grandes adversidades. Su primer discurso fue un rotundo fracaso. No solo fue incapaz de hilar sus ideas de forma coherente, sino que además recibió las burlas del público por uno de sus defectos: era tartamudo.

El destino se compadeció de este joven huérfano y pobre. A su vida llegó un maestro que le inculcó una idea decisiva: no eran las dotes naturales, sino el trabajo arduo lo que lo llevaría a conquistar su sueño de ser un gran orador y político.

Se dice que Demóstenes inició una lucha tenaz. Eliminó su vida social y comenzó a practicar sus discursos desde el amanecer. En la tarde, corría por las playas gritándole al sol, para aprender a proyectar su voz. En las noches, se llenaba la boca de piedrecillas y se ponía un cuchillo entre los dientes para superar la tartamudez. Pasado un tiempo, logró su cometido. Se convirtió en el orador más brillante de su tiempo. El propio Cicerón lo definió como «el orador perfecto».

En este capítulo vamos a hablar acerca de la maravillosa capacidad de persuadir con el discurso. Primero vamos a referirnos a la oratoria. Después hablaremos acerca de uno de los temas álgidos en el mundo actual: hablar en público. Te contaremos cómo puedes ganar confianza para hacerlo y cuáles son las técnicas más adecuadas. Enseguida haremos referencia a las técnicas de persuasión y negociación. Como siempre, terminaremos el capítulo proponiéndote algunos ejercicios que te ayuden a desarrollar tus habilidades.

3.1 Características de un buen orador y persuasión uno a uno

«Orador es aquel que dice lo que piensa y siente lo que dice». -William J. Bryan-

Quintiliano fue considerado el mejor profesor de oratoria del mundo en la Antigua Roma. Instruyó a varios emperadores, incluyendo al famoso Adriano. Escribió una obra clásica llamada *Instituciones oratorias* y allí señaló que "la claridad es la primera virtud de la elocuencia".

Cicerón, otro de los grandes maestros romanos de la oratoria, en su tratado *Sobre el orador*, señaló que las tres grandes virtudes del orador eran: la corrección (puritas), la elegancia (ornatus) y la adecuación (aptum). Tanto Quintiliano como Cicerón ofrecieron puntos clave que siguen siendo válidos.

La oratoria puede definirse como el arte de persuadir, conmover y deleitar. Así pues, su objetivo es convencer y producir cambios en las emociones. Estas últimas son el auténtico motor de la acción. Esto se logra mediante el disfrute con las palabras.

Tipos de oratoria

Como todo arte, la oratoria necesita de práctica. Llegar a ser un gran orador supone el dominio de conocimientos y habilidades asociadas al lenguaje, la psicología, la inteligencia emocional y la kinesiología, entre otros. De todos modos, existen varios tipos de oratoria y cada una de ella exige competencias diferentes.

Los principales tipos de oratoria son los siguientes:

- Política. Es la más tradicional. Empleada por las figuras de poder para convencer a los demás de su ideología y sus proyectos.

- Religiosa. La que se emplea en los servicios religiosos para propagar la fe.

- Empresarial. También se conoce como «Management Speaking» y está enfocada a conseguir los objetivos corporativos.

- Jurídica. Comprende la oratoria que se despliega en los juicios para exponer los argumentos de las partes involucradas.

- Social. Corresponde a situaciones cotidianas y se emplea para expresar emociones.

- Pedagógica. La empleada por los maestros con el fin de transmitir conocimientos y saberes.

- Artística. Es la que se utiliza en el mundo del espectáculo y los medios de comunicación. Su finalidad es animar y generar algún tipo de placer estético.

- Militar. Hace referencia a la oratoria que se emplea en los cuerpos armados para inculcar los valores propios del servicio o motivar para la acción.

El buen orador

El orador es toda persona que habla ante un público. Su objetivo es provocar algún tipo de efecto en la audiencia a quien va dirigido su mensaje. Pretende convencerlos de una idea o creencia, comunicar algún descubrimiento o hallazgo, motivar, despertar el interés en algo, alertar, plantear un problema, etc. ¿Cuáles son las características de un buen orador? Veamos.

Características físicas

Un buen orador tiene habilidades físicas o corporales que le ayudan a transmitir su mensaje de una forma más coherente o poderosa. Incluye lo siguiente:

- Presentación personal. La vestimenta del orador debe estar acorde con el evento y el público asistente.

- Buena proyección de la voz. Es necesario hablar en un tono que corresponda al tipo de mensaje que se está dando. En términos generales, el tono alto entusiasma y energiza, mientras que el tono bajo llama a la reflexión.

- Dicción. Es muy importante que el orador pronuncie bien las palabras, de modo que se le entiendan perfectamente. De lo contrario, su mensaje se perderá.

- Velocidad del habla o ritmo. Se habla rápido cuando se pretende vitalizar al público. Lento, si el objetivo es incitar a la reflexión. Un buen ritmo es el que combina ambos estilos, de manera armónica y coherente.

- Lenguaje corporal. El orador debe exhibir una postura de control sobre el espacio y de autoridad frente al público. Lo indicado es moverse poco y con intención.

- Gestualidad. Los gestos del rostro sirven para acompañar el mensaje que se da con las palabras. Así mismo, dinamiza la exposición.

- Contacto visual. Lo más recomendable es que el orador mantenga contacto visual con todo el público, fijando la vista en diferentes segmentos del auditorio a lo largo de su intervención.

Características intelectuales

Las características intelectuales básicas son dos. La primera, un excelente conocimiento y preparación del tema que se va a tratar. Se deben argumentar las ideas con planteamientos o evidencias sólidas. Al mismo tiempo, el desarrollo del tema debe ser ordenado y coherente. Lo mejor es que la exposición también tenga un buen colorido. Esto se logra con el uso de ejemplos, datos llamativos y anécdotas.

La segunda característica intelectual relevante es un buen manejo del idioma. El orador avezado tiene un vocabulario amplio y construye las oraciones de forma correcta. Es fluido y tiene la capacidad para exponer el tema de una forma clara, concisa y comprensible para todo tipo de público.

Características psicológicas

Un buen orador debe proyectar confianza en sí mismo, en todo momento. También debe ser empático para captar los intereses del público y las posibles reacciones que pueda generar su discurso. Su actitud tiene que ser positiva y abierta, para que logre conectar con su auditorio.

Ser imaginativo y sensible puede ayudarle mucho a realizar una intervención que capte el interés, motive y mueva las emociones de quienes lo ven y escuchan. Finalmente, es muy importante que sea honesto: si no sabe algo, lo dirá. Su objetivo es transmitir ideas y emociones, no manipular a las personas.

3.2 Técnicas de persuasión y negociación uno a uno

«*Venceréis, pero no convenceréis. Venceréis porque tenéis sobrada fuerza bruta; pero no convenceréis, porque convencer significa persuadir. Y para persuadir necesitáis algo que os falta: razón y derecho en la lucha*».
-Miguel de Unamuno-

La persuasión y la negociación son componentes naturales de cualquier proceso de comunicación. Cada vez que expones una idea o tratas de llegar a un acuerdo estás haciendo uso de estas herramientas. Sin embargo, lo haces de forma espontánea y por eso no lo notas.

Lo cierto es que tanto la palabra persuasión, como el término negociación le resultan antipáticos a muchas personas. Suele confundirse el acto de persuadir con el de manipular. De igual manera, a veces se cree que negociar es tratar de sacar el mayor provecho posible para uno mismo. Ni lo uno ni lo otro corresponden a la realidad.

Lo que diferencia a la persuasión de la manipulación es un factor decisivo: la intencionalidad. Persuadir es convencer a alguien para que crea o haga algo. Es transparente y acude a la argumentación y la seducción para conseguir el objetivo. En la manipulación, en cambio, hay un objetivo oculto. Se induce a una persona a creer o hacer algo, pero valiéndose del engaño.

En la negociación también entran en juego las intenciones. Desde el punto de vista de la comunicación asertiva, una buena negociación tiene lugar cuando ambas partes ganan algo. El objetivo es encontrar un punto de equilibrio entre las necesidades y deseos propios, frente a los del otro. Si únicamente se quieren satisfacer los intereses propios, no hablamos de negociación, sino de estafa o ardid. Enseguida hablaremos de todo esto con mayor detalle.

Los principios de la persuasión

El prestigioso psicólogo estadounidense Robert Cialdini es uno de los expertos más reconocidos en el tema de la persuasión y la negociación. En su obra *Influence, the psychology of persuasión* estableció los seis principios de la persuasión. Son los siguientes.

- **Aprobación social**. Señala que las personas de nuestro entorno y aquellos a quienes admiramos son los que mayor influencia ejercen sobre nosotros.

- **Autoridad**. Las personas o fuentes expertas o más famosas ejercen más influencia sobre los demás. Las opiniones de Shakira, aunque sean iguales a la de la vecina, tienen más peso.

- **Escasez**. Si las personas perciben que algo es escaso, tendrán más propensión a adquirirlo. Si una empresa saca una «edición limitada» de algún producto, es muy probable que más gente quiera comprarlo.

- **Simpatía**. Las personas se dejan influenciar más por aquellos que les caen bien. Todos los comerciales muestran gente «simpática».

- **Compromiso y coherencia**. Las personas quieren mostrarse coherentes ante los demás. Es posible persuadir a alguien apelando a su deseo de coherencia. «¿No dijo que quería comprar un auto de calidad? Entonces, ¿por qué se resiste a pagar un poco más?».

- **Reciprocidad**. Si una persona recibe un beneficio de otra, sentirá el deseo de corresponderle. Es el principio básico de las «muestras gratis».

Técnicas de persuasión

Para ser persuasivo no debes tener un gran carisma, ni convertirte en alguien famoso. La comunicación asertiva, en general, es una excelente estrategia para producir interacciones convincentes y provechosas. Sin embargo, también existen algunas técnicas puntuales de las que puedes valerte en diferentes situaciones. Conócelas y practícalas. Algunas de ellas son las siguientes.

Elige el contexto adecuado

El contexto es favorable si les permite expresarse libremente y sin presiones. Cuando alguno de los dos tiene prisa, o se encuentran en la calle en medio de una tormenta, no va a ser fácil persuadir a tu interlocutor de nada. Esto deberían tenerlo en cuenta los vendedores que te llaman a media mañana, cuando tienes mil cosas en qué pensar. Hay que ser oportunos.

Haz sentir cómodo a tu interlocutor

Emplea los primeros minutos para hacer sentir cómodo a tu interlocutor. El objetivo es reducir la tensión y lograr que ambos se sientan relajados. Dirígele un cumplido o hazle notar lo hermosa que está la tarde. Realiza algún comentario casual y amable acerca del entorno. Comenta alguna anécdota asociada a situaciones similares.

Establece una alianza

Tanto para comenzar a persuadir como para iniciar una negociación, lo primero es establecer una alianza con tu interlocutor. Esto es, un objetivo común. La otra persona quiere comprar un automóvil y tú los vendes: ahí existe un punto en común. O a ella le gusta el cine y a ti también, ¿por qué no ir juntos? Los ejemplos son infinitos.

Propicia la empatía

¿Recuerdas el principio de simpatía? Las personas se dejan influenciar más por quienes les «caen bien». Debes saber que a la gente le simpatizan más aquellas personas que encuentran parecidas a sí mismas. De forma sutil, puedes empezar a imitar al otro. Parafrasea lo que dice y copia algo de su lenguaje corporal. Verás cómo empiezas a simpatizarle.

Exprésate en positivo

Es muy natural que durante una conversación aparezca alguna desavenencia. Sin embargo, debes cuidarte de ofrecer una oposición frontal. Si quieres persuadir a alguien, evita la confrontación directa.

Ante un desacuerdo, tienes dos caminos. El primero, reconducir el tema hacia algo en lo que piensen de forma similar. El segundo, emplear frases como «Aunque no estoy de acuerdo contigo en todo, creo que tienes razón en este aspecto» y pasar a otro punto.

Emplea un enfoque inclusivo y colaborativo

Es muy importante que tu interlocutor se sienta incluido en tus razonamientos y que te perciba como un aliado. Esto se puede lograr haciendo énfasis en aspectos como llamarlo por su nombre y mostrar interés empleando las herramientas de escucha activa (como el parafraseo y las preguntas). Si la otra persona te percibe como alguien que está de su lado, estará más abierta a tus sugerencias.

Utiliza la debilidad como ventaja

Aunque te parezca extraño, lo más indicado es mostrar tus debilidades abiertamente. Por un lado, eso te otorga un plus de confiabilidad y credibilidad. Por el otro, le quita la posibilidad a tu interlocutor de atacarte, criticarte u oponerse en función de tales debilidades. Lo más indicado es que aprendas a mostrar esas debilidades como si fueran ventajas.

Por ejemplo, si quieres vender tu casa, pero esta tiene un desperfecto notorio en el baño, no esperes a que tu potencial comprador lo descubra. Menciónalo directamente y coméntale que sería una gran oportunidad para hacer una remodelación en esa zona. Añade que esa es la razón por la que tuviste que bajar el precio de venta, pues, de lo contrario, la casa valdría más.

Emplea el lenguaje emocional

En el campo de la persuasión son mucho más importantes las emociones que las ideas. Por lo tanto, debes enfocarte en lo que siente tu interlocutor, independientemente de lo que digan sus palabras. A partir de lo que observes, presenta argumentos que apelen a ese estado emocional que detectas en el otro.

Una fórmula que no falla es la de apelar a tres valores que han demostrado tener un impacto importante en la gente: la justicia, la libertad y la responsabilidad. Frases como «Es la oferta más responsable que puedo hacerte», o «Siéntete en la libertad de decirme lo que no te gusta», etc., suelen tener mucho poder.

Utiliza la velocidad a tu favor

En la comunicación persuasiva hay una premisa que nunca falla: las buenas noticias se dan despacio y las malas, rápido. Por lo tanto, si vas a hablar acerca de algo que es muy positivo para la otra persona, expláyate en detalles y saborea cada palabra. En cambio, si tienes que referirte a algo negativo, emplea pocas palabras y cambia rápidamente de tema. Tu mensaje será más persuasivo.

Dos tips de negociación

Todas las técnicas de persuasión son útiles para adelantar negociaciones en cualquier terreno. Sin embargo, al negociar con alguien también debes tomar en cuenta dos realidades que no debes perder de vista.

En primer lugar, debes ser consciente de que negociar implica estar dispuesto a ceder. Si no lo estás, significa que no quieres una negociación, sino imponerte. Al mismo tiempo, es necesario que tengas claro cuáles son los aspectos que no consideras negociables. Entre más consciente seas tanto de los puntos en los que puedes ceder, como de aquello en lo que no estás dispuesto a hacerlo, mejor será el resultado de este proceso.

En segundo lugar, son muchas las negociaciones que no dan el fruto esperado de inmediato. Este proceso puede tomar varios días, semanas o incluso meses. Por eso, siempre que se dé un encuentro con la persona con la que estás negociando, debes concluir dejando las puertas abiertas al provenir.

La última impresión debe ser agradable. Lo ideal es que, de ser posible, introduzcas una expectativa positiva hacia el futuro: «Me encantó hablar contigo y voy a pensar en una oferta a la que no puedas resistirte». Suele funcionar muy bien.

3.5 Ejercicios prácticos para mejorar la habilidad de hablar en público

Practicar es la mejor manera de adquirir habilidades para hablar en público. No hay otra manera de desarrollar todo el potencial que tienes. Los frutos de la perseverancia siempre son mucho más jugosos que los del azar. Enseguida te proponemos algunos ejercicios para que incrementes tus capacidades en este terreno.

Ejercicios de autoconfianza

Como ya lo anotamos antes, entre más hables en público, mayor será la confianza que adquieras en ti mismo para hacerlo. Los siguientes ejercicios pueden ayudarte en esa tarea.

Practicando la relajación

Los ejercicios de relajación son muy útiles para reducir el nerviosismo, en cualquier circunstancia. La respiración es clave en este propósito. Una buena técnica para reducir el temor antes de una presentación pública es la siguiente.

Toma una bolsa de plástico e introduce tu boca y tu nariz en la abertura. Ciérrala para que no se escape el aire. Comienza a respirar profundamente. La bolsa debe inflarse y comprimirse, con el ritmo de tu respiración. Repite tres veces y descansa un minuto. Después realiza cuatro veces más todo el ciclo completo. Te sentirás más relajado al terminar.

Los tres ensayos individuales

Entre más ensayes una presentación, más confiado vas a sentirte de tu desempeño. Hay tres tipos de ensayos que puedes realizar a solas y que serán de gran utilidad:

Háblale a la pared. Solo comienza a decir lo que recuerdes de tu exposición frente a una pared, sin fijarte demasiado si es exactamente igual a como la planeaste. La sensación que experimentas frente a ese muro es similar a la que sentirás frente a tu público.

Háblale al espejo. Repite el ejercicio anterior, pero esta vez hazlo frente al espejo. Evalúa tu lenguaje gestual y corporal.

Fílmate. Lleva a cabo el mismo ejercicio, pero en esta ocasión trata de apegarte al libreto de tu exposición y corrige los errores detectados frente al espejo. Después, observa la grabación con cuidado y toma nota exclusivamente de las fortalezas que ves en ti.

Hacer los tres tipos de ensayos es muy útil, en especial para quienes sienten mucho temor de enfrentarse al público. No omitas ninguno.

Pequeños públicos

Cuando tengas bien preparada tu exposición y te sientas listo para enfrentarte a un público, realiza tu intervención, tal y como la tienes planeada, frente a un pequeño grupo de amigos o parientes. Al final, pídeles una retroalimentación por escrito. Asume con objetividad y madurez lo que te señalen.

Ejercicios de persuasión

Estos ejercicios tienen el objetivo de que te familiarices con las técnicas de persuasión, de modo que cada vez puedas aplicarlas de una forma más natural.

Los principios de la persuasión

Busca un ejemplo que ilustre cada uno de los principios de la persuasión propuestos por Robert Cialdini. Piensa en las razones por las cuales funcionan.

Técnicas de persuasión

Realiza las siguientes actividades:

En una conversación casual, ensaya a imitar sutilmente el lenguaje y la gestualidad de tu interlocutor. Toma nota mental de sus reacciones. Después, haz justo lo contrario: emplea un lenguaje y una gestualidad muy diferentes a las de la persona con quien conversas. Observa su reacción.

Identifica el tipo de alianza que puedes hacer con cada una de las personas con las que vives y con tus compañeros de trabajo más cercanos. Esto es: encuentra un objetivo positivo en común.

Al menos una vez por día, presta atención a las emociones de alguna persona con la que hables. Trata de enfocarte en lo que siente esa persona y no en lo que dice. Si lo haces con frecuencia, cada vez serás más diestro en el lenguaje emocional.

Aplica las técnicas de persuasión que te resulten más llamativas en un desacuerdo o negociación que lleves a cabo. Bien sea que logres tu objetivo o no, evalúa lo sucedido con la mayor objetividad posible.

3.3 Cómo desarrollar la confianza para hablar frente a varias personas

> *«Según la mayoría de los estudios, el temor número uno de la gente es hablar en público. El número dos es la muerte. La muerte es el número dos. ¿Suena bien? Esto significa para la persona promedio, si vas a un funeral, estás mejor en el ataúd que haciendo el elogio fúnebre».* -Jerry Seinfield-

Como lo señala el epígrafe, algunas personas tienen más miedo de hablar en público que de morir. No se trata de una exageración. No son pocos los que sufren un ataque de pánico si se ven precisados a dirigirse a un auditorio. También son muchos los que sistemáticamente se abstienen de expresarse, por el temor a enfrentar el monstruo de las mil cabezas.

El miedo lleva a que te tiemble la voz, las manos, las piernas. Cuando te das cuenta de que estás temblando y que se nota, te asustas más. Entonces se te reseca la boca, dejas de controlar la respiración e incluso es posible que aparezca algún tic o un movimiento ridículo. El público estalla en risas y es ahí cuando debes salir corriendo, coger tu pasaporte y tomar el primer avión que salga rumbo a algún país que nadie conozca... No lo tomes en serio: estamos exagerando, pero es que así es el miedo: exagerado.

La buena noticia es que no tienes pasar por todo eso: el miedo puede ser controlado. Necesitas práctica: entre más venzas tu miedo a hablar delante de otros, más fácil va a ser para ti superarlo. Y viceversa. ¿Cómo hacerlo? Enseguida hablaremos de algunas de las técnicas más eficaces para incrementar la confianza en ti mismo al hablar en público.

Preparar el tema: la clave de oro

El camino por excelencia para incrementar tu autoconfianza es prepararte bien antes de hablar en público. No hay nada que sustituya esto. Sí o sí tienes que hacer un gran esfuerzo para estar listo, en el momento adecuado. Hay que tomar el toro por los cuernos.

Primero, infórmate muy bien y recopila información de calidad acerca del tema del cual vas a hablar. Consulta diversas fuentes y asegúrate de entender bien lo que cada una plantea. Consigue datos curiosos o poco conocidos sobre el tema. Después, selecciona la información que vas a utilizar; filtra todo aquello que es innecesario.

Nunca, oye bien: NUNCA intentes hablar en público acerca de un tema que no conoces. Es la vía directa hacia el desastre. Entre más miedo tengas, mejor debes preparar tu tema.

Elabora un guión

Una vez que tengas toda la información y que la hayas decantado, siéntate un momento a pensar. Define tres aspectos: ¿cuál es la idea central? ¿Qué buscas al hacer tu exposición? ¿Cuál sería el orden lógico de la misma?

Cuando hayas respondido a esos interrogantes, elabora un guión escrito. Es una especie de libreto, como si fueras un actor y esas fueran las líneas que debes decir para representar tu papel. Es muy importante que creas en lo que vas a decir. Si no lo haces, nadie te creerá tampoco. Lee tu guión varias veces, en voz alta.

Cuídate y relájate

Una semana antes de tu intervención en público, haz especial énfasis en tu autocuidado. Come bien, duerme bien y realiza algo de actividad física. Toma cinco minutos al día para respirar profundamente en un sitio en donde nadie te moleste. Si es posible, date un «baño de bosque», es decir, un paseo por un amplio jardín o una zona verde. Piensa en todo lo positivo que tienes y eres. Aleja cualquier asomo de pensamientos negativos o autocríticas innecesarias.

Conoce previamente el entorno

Ve al lugar en donde harás tu intervención y examínalo con cuidado. Familiarízate con ese espacio. Si es posible, haz una prueba de micrófonos y equipos. Si por alguna razón no es posible, de todos modos llega temprano el día de la exposición para observar el lugar y probar los aparatos. Siempre es bueno que tengas en mente un pan B, por si no funciona el sonido, el video beam o alguno de los recursos tecnológicos que vas a emplear.

Aprende a esconder los nervios

Son muchos los casos en los que el orador está muriéndose del miedo, pero el público no lo nota. A veces ese temblor en las manos no es tan evidente, aunque te parezca que sí. De todas maneras, evita tomar algo en las manos, por si acaso. Si sientes que la voz tiembla, toma una pequeña pausa y respira. Si lo haces, el temblor cesará. Si los rostros de las personas te intimidan, mira hacia el fondo del auditorio, a un punto específico en donde no veas a nadie. Ya está.

Usa tu cuerpo

Diversas investigaciones han señalado que la postura del cuerpo está muy asociada a las emociones que se experimentan. Por lo tanto, si te sientes inseguro, esto va a reflejarse en tu postura. Pero al mismo tiempo, si adoptas una postura de seguridad, esto va a modificar tus emociones. Lo indicado es que adoptes una «pose de poder». Esto es, erguido, con el pecho hacia fuera y los brazos sueltos a ambos lados del cuerpo. También puedes hacer jarra con los brazos. Adoptar esa pose va a hacerte sentir más seguro.

Concéntrate

La concentración es fundamental para que los nervios no te jueguen una mala pasada. Si te enfocas decididamente en el tema del cual estás hablando, lo más probable es que el temor se vaya disipando. En cambio, si comienzas a fijarte en la expresión de la gente de primera fila, o en el ingreso de los que llegaron tarde o en cualquier otra cosa, aumenta el riesgo de que el nerviosismo crezca.

Baja la velocidad

Trata de hablar despacio. No solo es algo que tu público va a agradecer mucho, sino que también te ayuda a estar menos nervioso. De igual manera, lo mejor es que te muevas lentamente y poco. Ver a alguien paseándose de un lado al otro por el escenario o realizando movimientos rápidos con las manos o la cabeza provoca algo de crispación.

Avanza paso a paso

Los grandes oradores hacen bromas, cuentan anécdotas con mucha gracia y son capaces de manejar un ritmo impecable durante sus exposiciones. Es muy probable que llegues a eso, pero necesitas tiempo. Si te sientes inseguro, no intentes «hacerte el gracioso» para hacer más atractiva tu intervención. Mejor ve poco a poco. Dale color a lo que dices y cuenta una que otra historia, pero no pretendas hacer un show si todavía no tienes experiencia suficiente. Tiempo al tiempo.

3.4 Técnicas para hablar y comunicarse de manera efectiva frente a varias personas

«Si no te sientes cómodo con hablar en público, y nadie comienza cómodo; tienes que aprender a sentirte cómodo, practica. No puedo exagerar la importancia de practicar». -Hillary Clinton-

El factor determinante para comunicarte de manera eficaz ante un grupo o un público es la confianza que tengas en ti mismo, unida al hecho de conocer bien tu tema. Dicho esto, también es importante conocer técnicas útiles para hacer que tu intervención sea lo más completa, clara y agradable posible.

Sobre el tema se han escrito cientos de libros, pero sabemos que tú buscas conocimientos prácticos. Por eso, enseguida te daremos a conocer las estrategias a las que puedes acudir para tener éxito al hablar frente a otras personas.

La preparación básica

Ya habíamos mencionado la importancia de prepararte bien antes de hablar frente a varias personas. A lo dicho, habría que agregar algunos elementos importantes que debes tener en cuenta durante el proceso de planeación. Son los siguientes.

- **Qué.** Tener clara y memorizada la idea central de la intervención, así como las tres ideas secundarias más relevantes.

- **A quién.** Es necesario que sepas cuántas personas van a escucharte y cuáles son sus características principales. Esto te ayudará a matizar tu discurso.

- **Planeación de tiempos.** Debes definir el tiempo que durará tu intervención. Lo ideal es que también destines un tiempo determinado para cada uno de los componentes que la conforman (introducción, desarrollo, conclusión).

- **Ejemplos y anécdotas.** Incluye algunos ejemplos y/o anécdotas para oxigenar la presentación de tu contenido. Ayudan mucho a capturar o recuperar la atención del público. También le dan un ritmo más dinámico y adecuado a tu intervención.

- **Recursos.** Hace referencia a las herramientas tecnológicas o de otro tipo, de las cuales vas a valerte para hacer tu intervención. Esas ayudas deben cumplir con un propósito específico. No se emplean porque sí.

Técnicas de inicio

Cuando tengas preparado el tema y definidos los elementos básicos, lo que sigue es precisar cómo va a ser el inicio de tu intervención. Este aspecto es determinante, ya que la manera de comenzar va a generar una impresión que tendrá eco en el resto de tu intervención. Por lo tanto, debes elegir con cuidado la técnica a emplear.

Hay varias maneras de comenzar una exposición. Lo indicado es que elijas la que más se adapte al tema o corresponda mejor con el objetivo que tienes. En términos generales, puedes elegir una de las siguientes opciones:

- **Fraseológico.** Consiste en comenzar trayendo a colación una frase o una cita de algún autor famoso. Es muy adecuada cuando vas a exponer algo novedoso o polémico, que requiere soporte de alguna autoridad en el tema.

- **Anecdótico**. Solo debes contar una historia, real o ficticia, asociada con el tema. Por lo general, se emplea para despertar emociones, además de captar el interés y motivar. Es muy adecuada si tratarás un tema humanístico.

- **Humorístico**. Aquí puedes valerte de una frase, una historia o algún dato que resulte hilarante para el público. Ayuda a distensionar el ambiente y a reducir los nervios. Es un inicio adecuado para casi cualquier tipo de tema.

- **Interrogativo**. Consiste en comenzar formulando una pregunta que induzca una reflexión en los presentes. Se adapta muy bien a temas novedosos o en los casos en los que tu objetivo es persuadir al público de alguna idea o creencia.

- **Teatralizado**. Lo usual es que se acuda a la imaginación del público. El orador hace una representación básica de alguna situación cotidiana. Suele capturar de inmediato la atención de la gente. Es muy utilizado en el campo del marketing.

Técnicas de desarrollo

Para el desarrollo del tema puedes elegir tres estrategias básicas: inductiva, deductiva o analógica. Como en los demás casos, le elección depende del tema que vayas a trabajar, del público al que te diriges y de los objetivos que persigues. También, por supuesto, siempre debes tomar en cuenta cuál te hace sentir más cómodo.

Técnica inductiva

Consiste en tratar el tema avanzando de lo particular a lo general. Esto quiere decir que partes de una premisa o de un caso específicos y desarrollas el tema de tal modo que esto te permita llegar a una afirmación general. Suele ser apropiada para temas técnicos o científicos.

Por ejemplo, si hablas acerca de la contaminación, podrías comenzar citando las costumbres cotidianas de una familia promedio. A partir de esto, abordas las consecuencias que esto genera y cómo sumadas a otros factores terminan por provocar un efecto contaminante a gran escala.

Técnica deductiva

La técnica deductiva es la opuesta a la anterior. En este caso desarrollas el tema partiendo de una premisa o de un caso general, para luego llegar a una afirmación o situación específica. Casi siempre se usa para tratar temas sociales o humanísticos.

Por ejemplo, vas a hablar acerca de la inseguridad ciudadana. Para hacerlo, comienzas dando datos sobre este fenómeno en el mundo, o señalando cómo ha ido evolucionando a través del tiempo. Luego, puedes ir centrándote en la inseguridad en las ciudades contemporáneas, hasta llegar a la manera como afecta a cada individuo. Dicho de otro modo, primero muestras el panorama y luego la foto en primer plano.

Técnica analógica

La técnica analógica consiste en exponer el tema estableciendo contrastes o comparaciones entre dos o más realidades. Suele ser muy útil cuando tu objetivo es probar un argumento determinado o persuadir de algo específico.

Por ejemplo, vas a hablar acerca del sistema de salud en Japón. Para hacerlo, puedes comparar cada uno de los aspectos que componen tal sistema, con los mismos elementos en el sistema de salud de otro país. Este recurso ayuda a poner de relieve los aspectos que quieres destacar.

Técnicas de conclusión

La conclusión de tu intervención es tan importante como la introducción y el desarrollo del tema. Es una forma de redondear lo dicho y de dejar una impresión determinada en el auditorio. Algunas de las técnicas para hacer un cierre adecuado e impactante son las siguientes:

- **Fraseológico**. Terminas la exposición con una frase o cita de alguna autoridad en el tema que trataste. Tu objetivo es reiterar la idea central, darle soporte o propiciar una reflexión.

- **Emotivo**. Consiste en concluir apelando a alguna emoción básica: miedo, amor, ira, entusiasmo, etc. Como cuando alguien termina diciendo «¡Qué viva el reciclaje!», o «¡No vamos a tolerar más injusticias!», etc.

- **Interrogativo**. En este caso terminas formulándole una pregunta a tu auditorio. El interrogante se hace, por lo general, para reafirmar una idea, invitar a la reflexión o dejar planteada una controversia.

- **Por gratitud**. Es una de las formas de conclusión más convencionales. El orador agradece al público por su atención y expresa su deseo de que la exposición haya sido útil. Suele emplearse en el marco de algún evento social.

- **Mixto**. Es un tipo de conclusión en el que se combinan dos o más de las técnicas anteriores. Por ejemplo, una frase seguida de una manifestación de gratitud. O una pregunta, seguida de una conclusión emotiva.

Conclusiones

La comunicación asertiva se aplica tanto a las conversaciones entre dos personas, como a las exposiciones frente a un grupo o a un público más amplio. Aplicando los principios y las técnicas adecuadas, es posible incrementar la habilidad para empoderarte y persuadir a los demás.

A partir de lo visto en este capítulo, ten presentes los siguientes puntos:

- Un buen orador no nace, sino que se hace. Para serlo hay que cumplir con una serie de características físicas, intelectuales y psicológicas.

- La mayoría de las personas tienen miedo de hablar en público. La mejor manera de ganar confianza para hacerlo es preparándote bien, ejerciendo el autocuidado, gestionando el nerviosismo y practicando con frecuencia.

- Las técnicas para hablar frente a otras personas incluyen la preparación de la introducción, el desarrollo y la conclusión del tema.

- Persuadir es convencer y no manipular. Negociar es encontrar la mejor fórmula para que las partes involucradas ganen algo.

- Los principios de la persuasión, según Robert Cialdini, son: aprobación social, autoridad, escasez, simpatía, compromiso y coherencia, y reciprocidad.

- La persuasión se consigue aplicando técnicas como el establecimiento de alianzas, la expresión en positivo, el uso de un lenguaje emocional y la empatía, entre otros.

- Toda negociación supone ceder en algo y a veces implica un proceso de largo plazo.

En el siguiente capítulo hablaremos acerca de un tema que a todos nos interesa: el liderazgo asertivo. Veremos cómo se ejerce y cómo se aplica en situaciones concretas, tales como la resolución de conflictos y la motivación. Te recomendamos leerlo. ¡Será fantástico!

CAPÍTULO 4: SER UN LÍDER SIN ESTRÉS

«Los grandes líderes se quitan de en medio para aumentar la autoestima de su gente. Si las personas creen en sí mismas, es increíble las cosas que pueden conseguir». -Sam Walton, empresario estadounidense y fundador de la cadena de tiendas Walmart-

Nelson Mandela fue uno de los grandes líderes de nuestro tiempo. Logró lo que para muchos era un objetivo imposible: dar el paso definitivo para resolver un conflicto racial que estaba presente desde hacía más de un siglo en su país. Logró que los enemigos se sentarán a la mesa y encontraran puntos en común. Consiguió cambiar la historia de Sudáfrica, a punta de paciencia, comprensión y empatía.

Su vida fue una auténtica hazaña. Pasó casi 30 años en la cárcel y buena parte de ellos estuvo totalmente incomunicado. Durante el primer año de su presidio murió su madre y su hijo mayor, pero las autoridades no le permitieron ir a los funerales. Salió de la cárcel con un propósito loable: la paz. Lo logró tras una ardua labor. Todos coinciden en que Mandela no era solo un ideólogo o un estratega, sino principalmente un líder inspirador.

En este capítulo hablaremos acerca del liderazgo asertivo, el mismo que practicó Mandela y que lo convirtió en el primer gobernante negro de su país. Veremos cuáles son las habilidades que exige y de qué manera se ejerce una autoridad inteligente. También hablaremos acerca de las mejores técnicas para delegar, motivar y resolver conflictos.

4.1 Desarrollando habilidades de liderazgo asertivo

«La tarea del líder es llevar a la gente desde donde están hasta donde no han estado». -Henry Kissinger-

El liderazgo asertivo es un estilo de dirección en el que se emplea la inteligencia emocional para proyectar la autoridad de una forma constructiva, mediante una comunicación eficiente que toma en cuenta las necesidades e intereses de las personas lideradas. Es una de las formas más eficaces de liderazgo, ya que ayuda a sacar lo mejor del equipo.

En el liderazgo asertivo el objetivo es establecer un equilibrio entre dos aspectos decisivos. El primero es el sentido de compromiso con las decisiones; esto incluye cumplimiento en las tareas y acatamiento de límites y reglas. El segundo es la comunicación abierta y sana, dentro de la cual están incluidos aspectos como la expresión libre, la empatía y el respeto.

Capacidades y habilidades del líder asertivo

La primera virtud del líder asertivo es la confianza en sí mismo. Esto, por supuesto, implica que hay una autoestima sólida. Sin estos dos elementos no puede haber ni asertividad, ni liderazgo. Si la persona que dirige a un equipo no tiene fe en su propio desempeño, difícilmente logrará que los demás crean en las orientaciones y órdenes que imparta.

La autoconfianza es la esencia misma de la asertividad, pero además de esta se requieren otras habilidades para ejercer el liderazgo. Las más importantes son las siguientes.

Comunicación asertiva

Recordemos que la comunicación asertiva es un estilo de comunicación en el que hay una expresión clara, franca y directa de los pensamientos y emociones, sin sentir culpa y tomando en cuenta las necesidades y deseos de los demás.

El líder asertivo debe tener una gran habilidad comunicativa. No es necesario que sea un orador experto, pero sí debe saber expresarse de manera clara y concisa. Muchos problemas en el desempeño de un equipo surgen porque no hay claridad sobre lo que se espera de cada individuo, ni sobre lo que se debe hacer o no en el entorno laboral. La claridad, por encima de otras virtudes, es fundamental.

Empatía

No hay asertividad sin empatía. Esta es la capacidad para ponerse en el lugar del otro y comprender su perspectiva cognitiva y emocional. Un líder asertivo tiene muy desarrollada esta habilidad y por eso es capaz de comprender a cada uno de los miembros del equipo. Esto le permite motivarlos de una forma más eficaz y sacar lo mejor de ellos.

Según Daniel Goleman (2003) la empatía es fundamental en el mundo laboral de hoy, por tres razones. La primera, que cada vez es más relevante el trabajo en equipo. La segunda, que el mundo está paulatinamente más globalizado y esto exige estar abiertos a la comprensión de gente proveniente de todo tipo de culturas. La tercera, que cada vez es más importante retener el talento en las organizaciones. Una alta rotación de personal nunca es conveniente.

Otras habilidades y virtudes

El líder asertivo también debe ser una persona íntegra y honesta. El equipo tiene que percibirlo como alguien coherente y confiable. Esa es la base para que las decisiones tengan impacto y credibilidad en los colaboradores. A partir de esto se edifica el compromiso con las acciones que deben realizar.

Así mismo, es importante que este tipo de líder tenga un elevado sentido de la responsabilidad. Esto no solo tiene que ver con la realización de las actividades y tareas propias del trabajo, sino que también incluye responsabilidad con todas y cada una de las personas que lidera. En otras palabras, debe ser capaz de responder a las expectativas que los demás depositan en él y comprometerse con el crecimiento de sus dirigidos.

El decálogo del líder asertivo

Las habilidades del líder asertivo pueden resumirse en un decálogo. Este llega a ser de gran ayuda si ocupas una posición de liderazgo y quieres que la asertividad sea tu eje:

1. El líder asertivo tiene objetivos claros y busca que estos beneficien a todo el equipo.

2. Sabe identificar y reconocer las fortalezas y debilidades de sus dirigidos.

3. Es firme a la hora de tomar decisiones.

4. Se comunica de forma abierta y honesta.

5. Imparte sus directrices de una manera clara y concisa.

6. Mantiene la calma y la accesibilidad.

7. Ofrece retroalimentaciones respetuosas, útiles y honestas.

8. Promueve la colaboración.

9. Tiene excelente relación interpersonal con los miembros de su equipo.

10. Predica con el ejemplo.

4.2 Cómo ejercer la autoridad de manera asertiva

«No hay autoridad como la que se funda en la justicia y se ejerce por la virtud». -Plinio el Joven-

La autoridad es un concepto complejo, que no todo el mundo comprende. Está presente en todo tipo de relaciones jerárquicas como las de padres e hijos, maestros y alumnos, gobernantes y gobernados, y, por supuesto, líderes y equipos de trabajo. Cuando no se ejerce de manera adecuada, suele ser fuente de fricciones, tensiones y conflictos.

La autoridad se define como la facultad para mandar sobre otras personas que están subordinadas. Es eficaz cuando tales subordinados acatan las órdenes por convicción y con un sentido de compromiso. Resulta ineficaz si el acatamiento es solo formal. En este último caso, la persona obedece con su conducta externa, pero internamente no siente respeto, ni le da credibilidad o legitimidad a quien emite la orden. Por lo mismo, en el acto de cumplir no hay compromiso, ni mucho menos interés.

Se podría afirmar que en la mayoría de los casos las órdenes no cumplidas, o cumplidas a medias, hablan de una autoridad mal ejercida. Más que una sanción o un llamado de atención para quien desacata, debería invitar a una reflexión para quien imparte la orden.

Los errores frecuentes en el ejercicio de la autoridad

En la mayoría de los casos, la autoridad se rechaza porque es percibida como arbitraria, irracional o inconsistente. Esto suele suceder cuando el líder da órdenes caprichosas o poco comprensibles. También cuando impone cargas excesivas o poco prácticas a sus subordinados, sin tomar en cuenta el impacto que esto causa en ellos.

Así mismo, es posible que la relación sea tensa y que las órdenes sean percibidas como retaliaciones o manifestaciones de un conflicto latente. Para que alguien acate, debe ser consciente de la utilidad de la orden y de las razones por las cuales es imperativo obedecerla.

Los principales errores de los líderes en el terreno de la autoridad son los siguientes:

- Inconsistencia. La respuesta ante un desacato no es siempre la misma. A veces se deja pasar, otras veces se censura. Esto genera confusión y resta legitimidad.

- Comunicación. A veces no se explica lo suficiente la razón por la cual es importante cumplir determinada obligación o labor.

- Falta de respeto. Es posible que al emitir una orden se emplee una actitud autoritaria o incluso grosera con la otra persona. Esto siembra la semilla para que se acate por miedo y haciendo apenas lo necesario.

- Falta de empatía. No se toma en cuenta la condición o el estado de la otra persona. Si tiene mucho trabajo o no posee las herramientas para hacer lo que se le pide, cumplir va a ser muy difícil.

- Autoritarismo. Los líderes que usan su poder de manera autoritaria, en general, no son respetados, sino temidos. Ese rechazo puede expresarse en incumplimientos totales o parciales a sus órdenes.

- Refuerzo. A veces, y por lo general sin notarlo, se premia el desacato. Un miembro del equipo puede obtener ganancias al ser rebelde, cuando se le concede demasiada atención o propicia desconcierto en el líder.

En este aspecto es conveniente señalar que las personas no son robots. Por lo tanto, no debes esperar que en todas las situaciones cumplan con cualquier requerimiento, al cien por ciento. Debe haber un pequeño margen para la flexibilidad, sin que esto signifique condescendencia.

Las claves de una autoridad asertiva

Para ejercer una autoridad asertiva hay dos pilares: la empatía y la buena comunicación. Ambos aspectos son decisivos, si lo que quieres es lograr un compromiso genuino por parte de tu equipo de trabajo. La empatía te impide actuar con arbitrariedad; la buena comunicación facilita el cumplimiento y permite redireccionar una decisión, de ser necesario.

Otras claves para ejercer una autoridad asertiva son las siguientes.

Establecer límites claros

Es importante que tu equipo tenga muy claro en dónde están las líneas rojas. Estas son normas, órdenes o conductas que por ningún motivo pueden incumplir, so pena de alguna sanción. Por supuesto, debes ser muy consistente en esto: no puedes hacer excepciones.

Lo ideal es que cada vez que des una orden o encomiendes una tarea, establezcas o recuerdes cuáles son los aspectos innegociables. La autoridad asertiva se ejerce con coherencia, o no se ejerce.

Desagregar adecuadamente

No es conveniente que des muchas órdenes a la vez. Procura tomarte el tiempo adecuado para explicar lo que quieres que la otra persona haga y cómo debe hacerlo. Asegúrate de que tu colaborador entiende tanto lo que debe hacer, como la razón por la cual debe hacerlo.

Respecto a las normas, es habitual que en una organización se entregue un reglamento y con esto se dé por sentado que ya todo está comprendido. Es aconsejable comentar las normas más relevantes con los nuevos trabajadores y verificar que comprenden el sentido de estas.

Coherencia y cumplimiento

Debe haber una perfecta armonía entre lo que se dice y se hace, en todos los terrenos. Como ya lo anotamos antes, la mejor manera de predicar es con el ejemplo. Así que lo mejor es asegurarte de que cumples a cabalidad aquello que promulgas. Esto hará que tu palabra tenga valor a los ojos de tus colaboradores.

Esto aplica muy especialmente para lo que anuncias o prometes. Si le dices a tu equipo que habrá una promoción a nuevos cargos, debes cumplir. Si no, mejor no digas nada. Si les dices que una falta tendrá consecuencias, también debes asegurarte de que así sea.

Lenguaje no verbal

Es importante que el lenguaje no verbal sea consecuente con un estilo de comunicación asertiva. Lo más indicado es que emplees un tono de voz tranquilo. Nunca des órdenes a los gritos, ni lo hagas como si estuvieras suplicando un favor. Mira a los ojos a tu interlocutor y muestra un gesto de apertura.

Escucha

Para que el proceso de comunicación asertiva sea genuino, no debes dar por sentado lo que la otra parte tiene por decir. Si das una orden, además de asegurarte que se entienda, pregunta si la persona considera importante hacer lo que se le encomienda, y si tiene alguna sugerencia o reparo. De igual manera, en caso de que las cosas no salgan como lo esperabas, escucha lo que tiene por decir la otra persona, antes de tomar decisiones.

4.3 Cómo delegar tareas de manera efectiva

«El mejor ejecutivo es aquel que tiene el suficiente criterio para elegir buenos colaboradores para hacer lo que hay que hacer, y la suficiente fuerza de contención para no entrometerse mientras lo hacen». -Theodore Roosevelt-

Delegar es la acción de reasignar tareas y responsabilidades a otros miembros del equipo. Saber por qué, cuándo y cómo hacerlo es un gran plus del líder asertivo. Si lo haces de manera eficiente, incrementas la productividad, mejoras las habilidades de tus colaboradores y permites que tu equipo desarrolle nuevas fortalezas.

Por lo general, se delega para redistribuir las responsabilidades de una forma más equitativa, para aprovechar las fortalezas de uno de los miembros del equipo o para desarrollar las potencialidades de los colaboradores. Es un camino para generar confianza y reforzar el liderazgo. Es un proceso que exige orden y coherencia para que tenga éxito.

Lo usual es que la delegación constituya un poderoso estímulo para los integrantes del equipo de trabajo. Así mismo, permite aligerar la carga de trabajo del líder y se convierte en un vehículo de promoción que afianza la horizontalidad en las relaciones, manteniendo la autoridad.

¿Cuándo es necesario delegar?

Lo primero que debes tener claro es que hay una gran diferencia entre asignar tareas y delegar tareas. Indicarle a alguien que realice determinada actividad no significa delegarle la misma. La delegación implica asumir nuevas responsabilidades, parte de las cuales corresponden al líder. En consecuencia, este trabajador tendrá más autonomía en algún aspecto y elevará su estatus dentro del equipo.

Muchos líderes no tienen claro cuál es el momento o la situación ideales para delegar. Hay una forma sencilla de descubrirlo. Aunque no es un método infalible, una buena opción es responder a una serie de preguntas con «sí» o «no». Los interrogantes deben ser contestados por el líder y son los siguientes:

1. ¿Habitualmente llevas trabajo a casa o debes hacerlo fuera del horario normal?

2. ¿Acostumbras a desautorizar a tus subordinados?

3. ¿Asumes tareas que tu equipo puede cubrir?

4. ¿Es habitual que acumules tareas pendientes?

5. ¿A veces debes dejar de lado tareas fundamentales para supervisar el trabajo de tu equipo?

6. ¿Eres comprensivo con los errores de tus colaboradores?

7. ¿Has verificado si tu equipo funciona de forma adecuada cuando no hay supervisión?

8. Si estuvieras incapacitado, ¿crees que algún miembro de tu equipo podría asumir tus funciones?

9. ¿Tus colaboradores te plantean iniciativas con frecuencia?

10. ¿Es habitual que en tu organización se delegue parte de las labores directivas?

Anótate un punto por cada «sí» que hayas contestado en las primeras cinco preguntas y un punto por cada «no» que hayas respondido en las cinco últimas. Si la suma total es más de 5, lo indicado es que comiences a pensar en delegar tareas.

¿Qué tareas puedes delegar?

Esta es otra de las preguntas que asaltan a los líderes cuando están en el proceso de delegación: ¿cuáles actividades es conveniente delegar y cuáles no? No todas las tareas ni las responsabilidades son aptas para quedar en manos de otra persona. En términos generales, no es posible encargarle a nadie aquellas actividades en las que solo tú puedes agregar un valor diferencial.

Lo usual es que las tareas a delegar formen parte de alguna de las siguientes categorías:

- Tareas que se repetirán en el futuro. Las tareas recurrentes, que están suficientemente estandarizadas, por lo general pueden delegarse sin ningún problema.

- Tareas que coinciden con las fortalezas de un miembro del equipo. Si uno de los integrantes del equipo tiene un notable potencial para alguna de las tareas, posee una capacitación especial en ella o ha manifestado su interés y aptitud para llevarla a cabo, lo mejor es delegarla en él.

- Tareas asociadas a los objetivos de un miembro del equipo. Como en el caso anterior, si la tarea coincide con los objetivos profesionales de alguno de los colaboradores, vale la pena que la asuma.

- Tareas parciales de supervisión. Si una persona lleva mucho tiempo en un cargo, es muy probable que esté bastante familiarizada con el proceso y los resultados esperados. Podrías delegarle parte de la supervisión de la actividad.

Cómo delegar de forma eficaz

Para que el proceso de delegación se haga de una forma eficaz, lo mejor es llevarlo a cabo de una forma organizada y estructurada. ¿Cómo hacerlo? Solo debes completar los siguientes pasos.

Paso 1. Define el objetivo

Una vez que hayas verificado si en verdad es procedente la delegación, lo que sigue es establecer un objetivo claro. ¿Qué esperas del desempeño del miembro del equipo en quien vas a delegar? Defínelo en una frase y comunícala a la persona elegida.

Lo ideal es que también precises entre tres y cinco objetivos específicos. Esto te permitirá luego hacer un seguimiento más pormenorizado.

Paso 2. Ofrece contexto y orientación

Debes asegurarte de que la persona elegida tenga toda la información necesaria para que pueda adelantar su labor con éxito. Esto incluye aspectos como:

- Producto que debe entregar.

- De qué manera debe realizar el trabajo.

- Fechas de entrega.

- Herramientas necesarias para realizar la labor.

- Resultado deseado.

De igual manera, es necesario que le aclares algunos aspectos cruciales sobre el contexto. Por ejemplo, metas asociadas con el trabajo del equipo en general; grado de prioridad de la tarea; personas involucradas en la actividad que debe realizar, etc. Si le dedicas un poco de tiempo a este paso, te ahorrará muchos inconvenientes.

Paso 3. Hacer seguimiento

Delegar una tarea y dar las indicaciones correspondientes no significa olvidarte por completo del asunto. Lo mejor es que definas una agenda de reuniones con la persona elegida, de modo que entre ambos puedan verificar que la actividad se está llevando a cabo, con base en lo acordado.

Paso 4. Medir resultados

Si has definido los objetivos de una forma adecuada, este paso te resultará muy sencillo. Solo tienes que contrastar el desempeño del trabajador con tales objetivos. ¿Se han cumplido o no? En caso de no ser así, revisa con tu colaborador las posibles razones por las que esto ha sucedido.

Paso 5. Reconoce el trabajo y ofrece feedback

Una vez que tu colaborador culmine la tarea delegada, es muy importante que reconozcas su esfuerzo y su logro. Así mismo, que le ofrezcas algunas indicaciones u observaciones adicionales frente a su desempeño. Si los resultados obtenidos son satisfactorios, puedes darle más autonomía en el futuro, siempre sin dejar de hacer verificaciones básicas.

4.4 Cómo manejar situaciones de conflicto en el entorno laboral

> «*La concordia hace crecer las pequeñas cosas, la discordia arruina las grandes*». -Salustio-

Los conflictos son uno de los aspectos más desafiantes para el liderazgo asertivo. Si se gestionan de una forma adecuada, suelen representar una magnífica oportunidad para que todos los involucrados crezcan y se desarrollen. Si no se tramitan de manera acertada, pueden convertirse en un punto de quiebre para el equipo y para el líder.

Se habla de conflicto cuando una o más personas tienen intereses, necesidades o deseos que entran en contradicción con los de otra u otras personas. Esto da lugar a una confrontación que puede ser directa o camuflada.

En casos así, el líder asertivo deber actuar como mediador entre las partes. También es conveniente que aproveche la situación para lograr que todo el equipo avance en algún aspecto. ¿Cómo hacerlo? ¿Qué se debe tener en cuenta? Enseguida hablaremos sobre esto.

Principales causas del conflicto

Es normal que haya conflictos en el marco del trabajo, de vez en cuando. De hecho, también es saludable. Solo debes preocuparte si estos son muy frecuentes o tienen una intensidad muy alta. De ser así, lo mejor es que examines a fondo la situación.

Por lo general, los conflictos en el trabajo se originan por una o varias de las siguientes causas:

- Escasez de recursos. Si los aparatos o los elementos de trabajo son escasos, es posible que haya cierta tensión, debido a que se debe competir por esos recursos.

- Mala distribución de tareas. Es posible que alguno de los miembros del equipo sienta que su carga de trabajo es mayor a la de sus compañeros; o que está realizando actividades que deberían hacer otras personas.

- Estilos de trabajo diferentes. En las actividades comunes es posible que haya dos personas con formas muy diferentes de trabajar. Por ejemplo, uno de ellos es excesivamente ordenado, mientras que el otro es un poco más descuidado.

- Aumento de presión. En los momentos en los que hay mayor presión, como ocurre cerca de las fechas de entrega, también es más probable que aumente la susceptibilidad y la intolerancia.

- Intereses diferentes. Cuando hay contradicción en los intereses, también es más probable que haya conflicto. Por ejemplo, uno de los colaboradores puede estar enfocado en ser muy puntual con la fecha de entrega, mientras que el otro pretende mejorar el producto, aunque esto suponga pedir un nuevo plazo.

- Valores encontrados. Las diferencias políticas, religiosas e incluso deportivas a veces dan lugar a fuertes tensiones.

- Mala comunicación. A veces el conflicto es fruto de malentendidos o errores en la interpretación de los mensajes.

Tipos de conflicto

Para resolver los conflictos de una manera acertada, es importante entender que no todos son iguales. Así como tienen diferentes causas, también pueden involucrar a varios actores, o ser de naturaleza muy disímil. Suelen clasificarse en tres grupos.

Según la naturaleza del conflicto

En este caso se toma en cuenta el origen del conflicto. Desde ese punto de vista, encontramos los siguientes:

- Falso. Cuando no existe una contradicción real, sino que se presenta un malentendido o percepción errónea.

- Verdadero. Si hay una contradicción real entre intereses, valores, interpretaciones o percepciones.

- Contingente. Es un conflicto pasajero que se origina en una situación muy específica, la cual es pasajera.

- Desplazado. El aparente motivo del conflicto no es real, sino que esto encubre una contradicción mucho mayor.

- Mal atribuido. Si está reprimido, oculto o ni siquiera hay conciencia de que existe.

Según las causas que motivan el conflicto

Desde el punto de vista de las causas, encontramos cinco tipos de conflicto:

- De relación. Cuando la causa es el choque de dos personalidades que son muy diferentes.

- De comunicación. Si la causa es la falta de información o un malentendido.

- De intereses. Cuando cada uno de los interesados defiende sus propios intereses y obstaculiza los de los demás.

- Estructural. Ocurre cuando hay un profundo choque cultural o educacional entre dos o más personas.

- De valores. Si el conflicto se origina en la contradicción de valores.

Según las partes intervinientes

En este caso se toma en cuenta cuáles son las personas que participan o están involucradas en un conflicto. Desde ese punto de vista, existen los siguientes tipos:

- Intrapersonal. Cuando el conflicto está presente solo en una persona, sin involucrar directamente a otras, pero sí generando tensión.

- Interpersonal. Si el conflicto involucra a dos o más personas.

- Intragrupal. Ocurre cuando todo el grupo en su conjunto participa del conflicto, de una u otra manera.

- Intergrupal. Si se produce entre dos grupos de personas.

- Interorganizacional. Cuando el conflicto tiene lugar entre dos o más organizaciones.

Cómo gestionar el conflicto

La regla de oro para gestionar bien un conflicto es atenderlo tan rápido como sea posible, de modo que no tenga oportunidad para crecer o agravarse. Si tienes una buena comunicación con tu equipo, lo más seguro es que esas situaciones conflictivas no pasen desapercibidas para ti. En cuanto detectes tensiones y roces, toma cartas en el asunto.

Otros aspectos a tener en cuenta son los siguientes.

Estudia la situación

Una vez que detectes en conflicto, lo mejor es que acopies toda la información posible al respecto. Habla individualmente con los miembros de tu equipo, de manera informal. Trata de obtener en particular dos datos: quiénes están involucrados en el conflicto y cuál es la causa general. Después, analiza de qué tipo de conflicto se trata.

Escucha a las partes involucradas

Cuando tengas una idea más o menos completa de lo que sucede, es momento de dar el segundo paso. Este consiste en escuchar a las personas involucradas en el problema.

En estas situaciones, más que en ninguna otra, es conveniente usar las herramientas de la escucha activa. Eso te permitirá comprender no solo lo que sucede, sino cómo se sienten las personas de tu equipo al respecto.

Define un objetivo

Si tienes el panorama claro y ya conoces las versiones de cada una de las partes, cuentas con las herramientas para dar paso a las soluciones. Para esto, primero que todo, define un objetivo. ¿Qué esperas o quieres lograr con el proceso de resolución del conflicto? Trata de ser muy preciso al responder.

Precisa estrategias

Definido el objetivo, piensa en la estrategia que podría resultar más eficaz en cada caso específico. ¿Debes reunir a ambas partes para que lleguen a un acuerdo? ¿Es mejor hablar con cada uno por separado? ¿Solo es necesario hablar con una de las partes? ¿Debe compartirse la situación con todo el equipo?

Hay algunas técnicas a las que puedes acudir para resolver el conflicto:

- Arbitraje. Consiste en que tú mismo propongas la solución al problema. No suele dar buenos resultados.

- Facilitación. Tiene que ver con hacer posible que las partes dialoguen para que baje la tensión. A veces es suficiente para resolver un conflicto.

- Mediación. Es una facilitación moderada por ti, en todos los aspectos. En este caso, no solo se busca una distensión, sino también una decisión orientada a la solución.

- Indagación. Consiste en consultar a otros miembros del equipo o a expertos para que recomienden posibles vías de solución.

- Negociación. Es el proceso por el cual se reconocen las diferencias y se proponen soluciones en las que ambos deben ceder, pero también ambos deben ganar algo.

Precisa soluciones

Lo ideal es que las partes en conflicto planteen las posibles soluciones. Sin embargo, como líder también es necesario que tengas tu propia idea al respecto. A veces es necesario tomar decisiones gerenciales para resolver el problema. Por ejemplo, trasladar a uno de los colaboradores a otra sección o definir horarios para el uso de las herramientas, etc.

Realiza un seguimiento

Es necesario realizar un seguimiento detallado a la situación de conflicto, una vez que se ha acordado una solución. Quizás se detecte que la salida no es suficiente y entonces sea necesario ajustarla. También es posible que todo se solucione. De todos modos, es imposible verificar lo uno o lo otro, si no se mantiene el tema bajo observación.

4.5 Motivar equipos y clima laboral positivo: Consejos prácticos

«Apunta a la luna. Si fallas, podrías dar a una estrella». -William Clement Stone-

Un líder asertivo sabe que la motivación es uno de los ejes del buen desempeño en el trabajo. Por eso, no ahorra esfuerzos en la tarea de influir de una forma positiva en los colaboradores para que den lo mejor de sí mismos y, a la vez, sientan que la organización corresponde de igual manera.

La motivación es mucho más que un discurso llamativo. Tiene que ver con hacerle propuestas de valor a los colaboradores, para que sientan que vale la pena comprometerse a fondo con sus tareas y con la organización. No solo se motiva ofreciendo beneficios tangibles, sino también creando una cultura corporativa orientada al logro. ¿Cómo hacerlo? ¿Por qué es necesario? Veamos.

Consejos para motivar y crear un clima positivo

Un líder carismático puede hacer intervenciones memorables motivando a sus colaboradores. De seguro, ellos saldrán de la reunión con el firme propósito de ser mejores. Sin embargo, por inspirador que sea el líder, lo más probable es que al cabo de unos días quede muy poco de ese entusiasmo que generó con su discurso.

Los colaboradores necesitan incentivos concretos y continuos para experimentar verdadera motivación frente a sus actividades y a la organización. No basta con un discurso, incluso si es brillante. Hay elementos que están más presentes en la vida diaria del trabajador y que serán definitivos para motivarse. Los más relevantes son los siguientes.

Un entorno de trabajo atractivo

El entorno de trabajo comprende tanto el contexto material, como el clima laboral. En cuanto a lo primero, lo ideal es que cada trabajador cuente con los implementos necesarios para realizar bien su labor y que estos se encuentren en buen estado. También que las instalaciones sean cómodas. No es necesario tener lujos, pero sí unas condiciones básicas para que el desempeño sea el más adecuado.

El clima laboral tiene que ver con la cultura corporativa. Si en el entorno prima la amabilidad y las buenas maneras, todos los trabajadores van a valorar más la organización y, en consecuencia, se sentirán más comprometidos con la misma. Aspectos como tener agua o café a disposición suele ser una inversión pequeña, que tiene gran valor para los colaboradores. Estímulos similares son muy apreciados.

Un salario competitivo

La máxima de «No todo es dinero» debe pensarse y aplicarse de modo razonable. Ganar un buen salario es motivante para cualquier trabajador. De hecho, no tiene por qué ser superior al promedio, pero tampoco inferior. En este último caso, se convierte en un factor de desmotivación.

También hay que tomar en cuenta el concepto de «salario emocional». Este comprende las retribuciones no económicas que percibe el trabajador y que mejoran su calidad de vida. Por ejemplo, la jornada laboral puede ser un poco más corta. O quizás es posible dar un día libre al mes. Beneficios similares compensan un salario que no sea especialmente atractivo.

Flexibilidad y conciliación

Todos los trabajadores valoran mucho la autonomía. Uno de los aspectos en los que esta se materializa es en la flexibilidad de horarios. Lo ideal es trabajar por objetivos y no por tiempos estrictos, si la actividad laboral lo permite. Por lo tanto, si una persona concluye sus labores antes, bien puede irse a su casa aunque no sea la hora habitual de salida.

Una organización que está abierta a las necesidades de sus trabajadores es mucho más valorada por ellos. Lo indicado es dejar una puerta abierta para que los colaboradores puedan negociar algunos beneficios a su favor, como llegar más tarde, salir más temprano o tener una semana laboral de cuatro días. Esto hará que se sientan más comprometidos con la empresa.

Liderazgo con empatía

Una de las funciones básicas de un líder es la de motivar a su equipo. La mejor manera de hacerlo es convirtiéndose en un guía y un aliado para sus colaboradores. Cuando estos ven en él a alguien que logra establecer objetivos comunes y conciliarlos con los objetivos individuales, se genera un equilibrio duradero.

Un buen mánager, muchas veces, es todo lo que se necesita para que el trabajador sienta que está en el lugar correcto. Y para que, a partir de esto, se comprometa de forma personal con la buena marcha de la organización.

Permitir que el equipo establezca las recompensas

No es fácil generalizar lo que las diferentes personas perciben como recompensas. Así mismo, muchas veces los equipos son bastante diversos (en edad, nivel educativo, etc.) y por eso no es fácil determinar cuáles son los incentivos que más impacto tienen en ellos.

Una buena idea es permitir que el mismo equipo sea el que establezca un plan de recompensas. Deben definir cuándo y cómo aplicarlo, así como el beneficio a obtener. Nadie mejor que ellos mismos para decidir todo esto. Además, dejar en sus manos este asunto es un gesto de confianza que también van a valorar.

Reconocimiento y retroalimentación

Un trabajador va a sentirse mucho más motivado cuando compruebe que su labor no pasa desapercibida para los líderes de la organización. Incluso esto fue comprobado por el famoso psicólogo Elton Mayo, a través de un estudio conocido como el «Experimento Hawthorne» (1932).

En ese estudio se encontró que los trabajadores mejoraban notablemente su desempeño cuando eran supervisados con cuidado y se tomaba nota de sus necesidades. Así mismo, cuando obtenían retroalimentación de sus superiores, en torno a la labor que estaban realizando. En otras palabras: los trabajadores «invisibles» no se sienten motivados.

Opciones de desarrollo profesional

Invertir en el bienestar de los trabajadores es un incentivo muy poderoso. Una forma de hacerlo es ofreciendo capacitación para el mejoramiento continuo. Esto le permite a una persona crecer y esa evolución genera grandes satisfacciones.

De igual manera, es importante que una persona sienta que dentro de su organización tiene oportunidades de ascender. La expectativa de un mejor cargo, un mejor salario y mayor autonomía son motivaciones de alto impacto para cualquier colaborador.

4.6 Ejercicios prácticos para mejorar la habilidad de liderazgo

Enseguida te proponemos una serie de ejercicios para que desarrolles tus habilidades de liderazgo. No sobra insistir en que todas las habilidades asertivas son adquiridas y, por lo tanto, requieren de entrenamiento para que surjan y se incrementen.

Ejercicio de observación

Piensa en un líder que te resulte inspirador y busca uno de sus discursos públicos o privados en video. Observa muy bien tres aspectos: ¿qué tipo de lenguaje utiliza? ¿Cómo es su lenguaje no verbal? ¿Qué elementos lo hacen un líder inspirador?

Después, realiza la misma actividad pero esta vez busca el video de algún líder que te parezca antipático o poco carismático. Analiza su lenguaje verbal y no verbal, así como los elementos que te generan rechazo en esta persona.

¿Qué harías si...?

Este es un ejercicio que puede ayudar a hacer consciencia en torno a tus actitudes frente al equipo de trabajo y también a prever posibles respuestas. Lo primero es elaborar una lista de las situaciones más incómodas que puedas imaginar dentro de tu equipo de trabajo. Por ejemplo, que uno de tus colaboradores sea grosero, te grite o se niegue a acatar tus órdenes. Piensa en situaciones extremas.

Lo que sigue es responder a la pregunta «¿Qué harías si (ocurre cada una de estas situaciones)?». Piensa en lo que sentirías en ese momento y cuál sería la respuesta más asertiva en ese escenario.

Resolución de conflictos

Durante una semana, observa a tu equipo de trabajo para identificar cinco de los conflictos que detectes en uno o varios miembros del grupo. Define cada conflicto en una sola frase. Después, piensa en tres posibles soluciones para ese problema.

La primera debe ser una solución lo más convencional posible. La segunda, una solución lo más asertiva posible. La tercera, una solución disruptiva, lo más original que logres imaginar. Trata de proyectarte y pensar cuáles serían los efectos de cada una de las soluciones.

Lenguaje no verbal

Graba en video al menos tres reuniones que tengas con tu equipo. Después, analiza detenidamente cómo hiciste uso del lenguaje corporal. Observa los gestos que aparecen en tu rostro, la postura del cuerpo, el movimiento de las manos y de los pies, y la posición de tu cabeza.

Indica si cada uno de los gestos y de los movimientos corporales corresponden a: 1) Una actitud agresiva, intimidante o autoritaria; 2) Una actitud nerviosa, tímida o apocada; 3) Una actitud neutral, distante o fría; 4) Una actitud simpática, afable, divertida; 5) Otras actitudes. Por último, analiza todo y saca una conclusión sobre el uso de tu lenguaje no verbal.

Lenguaje asertivo

Toma un papel y dibuja de tres a cinco figuras geométricas. Pídele a alguna persona de confianza que tome también papel y lápiz. Transmítele a esa persona lo que debe dibujar, sin mencionar el nombre de la figura que dibujaste. Al final, observa lo que la persona hizo sobre el papel. Te dará una idea muy clara acerca de lo preciso que eres con el lenguaje.

Conclusión

En este capítulo hemos visto cómo se puede aplicar la asertividad a un campo tan relevante como el liderazgo. Es importante anotar que no tienes por qué ser un líder empresarial para poner en práctica lo visto. Los conocimientos adquiridos también se pueden aplicar a situaciones como la enseñanza, la crianza de los hijos, el manejo de situaciones familiares, etc.

Sea cual sea el caso, no pierdas de vista los siguientes puntos:

- El líder asertivo se caracteriza por la confianza en sí mismo. Esto se ve reflejado en otros aspectos, como la comunicación asertiva, la empatía, la honestidad y la responsabilidad.

- La autoridad asertiva se basa en la empatía y en la buena comunicación. Para ejercerla es necesario establecer límites claros, explicar lo que se busca, ser coherente, escuchar activamente y cumplir con la palabra.

- Delegar es compartir las responsabilidades con otra persona. Para hacerlo de forma eficaz, se debe elegir qué se delega, a quién y en qué momento. Así mismo, definir objetivos, ofrecer contexto y orientación, hacer seguimiento, medir resultados y proporcionar reconocimiento.

- El conflicto puede ser de varios tipos y originarse por diferentes causas. Se debe atender rápidamente, escuchando a las partes, definiendo objetivos, creando estrategias de solución y haciendo seguimiento a la situación.

- La motivación es fundamental para aumentar la productividad. Algunos de los factores más motivantes son el entorno de trabajo, el salario, la flexibilidad, la empatía y las opciones de desarrollo profesional, entre otros.

En el siguiente capítulo vamos a hablar acerca de uno de los temas decisivos en el desarrollo de la asertividad: la autoestima. Conoceremos su importancia y diferentes tácticas y estrategias para incrementar la seguridad y el amor propio. No puedes perdértelo porque será de gran utilidad para ti. ¡Nos vemos!

CAPÍTULO 5: ELEVANDO LA AUTOESTIMA AL MÁXIMO

«Ten fe en lo que existe allí adentro». -André Gide-

¿Quién es considerado el presidente más exitoso en la historia de los Estados Unidos? Abraham Lincoln, el mismo a quien Walt Whitman le dedicó el famoso poema "Oh capitán, mi capitán". ¿Sabías que Lincoln nunca tuvo acceso a una escuela? Así es. Se convirtió en un autodidacta extraordinario.

Pero lo más interesante de su vida no es eso. Abraham Lincoln fracasó en los negocios cuando tenía solo 31 años. A los 32 sufrió su primera derrota en las urnas. A los 34 quedó en la ruina total. A los 35 perdió al ser que más amaba: su esposa. A los 36 sufrió un colapso nervioso. A los 37 se recuperó, pero volvió a fracasar en las elecciones a los 38 y a los 43.

Solo obtuvo su primer triunfo electoral a los 46 años. Sin embargo, pasó por nuevas derrotas electorales a los 48, a los 55, a los 56 y a los 58. Pese a todo, a los 60 se convirtió en el décimo sexto presidente de los Estados Unidos y en uno de los líderes más famosos de todos los tiempos. Abraham Lincoln es un modelo de lo que significa tener fe en uno mismo, no depender de los acontecimientos externos y perseverar hasta lograr los objetivos.

En este capítulo vamos a abordar el tema de la autoestima. Hablaremos acerca de su importancia, los obstáculos mentales para desarrollarla y las técnicas y estrategias más eficaces para superar los miedos, la inseguridad y aprender a creer en uno mismo.

5.1 Importancia de la autoestima en la comunicación asertiva

«Nunca agaches la cabeza. Siempre tenla bien alta. Mira al mundo directamente a los ojos». -Helen Keller-

La autoestima se encuentra estrechamente relacionada con la asertividad. El amor propio es necesario para desarrollar una comunicación en la cual prime el respeto por uno mismo y por el otro. Si no hay aprecio por uno mismo, aparece bien la inhibición o bien el deseo de imponerse sobre otros.

La autoestima hace referencia a la visión que cada persona tiene de sí misma. Esto, a su vez, depende de la forma como se juzgue y tiene como resultado algún nivel de satisfacción o insatisfacción con lo que se es. Todo esto se refleja en la actitud y la conducta, lo cual incluye la forma de comunicarse.

La relación entre la autoestima y la asertividad

Tanto la autoestima como la asertividad son dos pilares la inteligencia emocional. Si una persona se considera a sí misma como alguien valioso y digno de amor, con independencia de sus defectos o de los errores que pueda cometer, reflejará este bienestar en su relación con las demás personas.

Cuando alguien se acepta y se respeta, no tiene problema en expresar sus deseos y necesidades de una manera franca y directa, sin temer al rechazo de los demás. Así mismo, no va a tolerar el maltrato, ni el desprecio, sino que exigirá un trato digno. En otras palabras, podrá comunicarse con asertividad.

Se suele creer que algunos tienen un estilo de comunicación agresivo porque su autoestima es demasiado elevada. Sin embargo, esto no es cierto. Lo que ocurre en estos casos es que la persona ha construido un muro entre ella y el mundo para esconder sus sentimientos de vulnerabilidad e incompetencia.

Las personas con un estilo de comunicación pasivo también tienen poco aprecio por sí mismas, al punto en que son capaces de anteponer los derechos de los demás, frente a los suyos. Se comportan de forma defensiva, como si no quisieran molestar a nadie, porque temen mucho al rechazo o al abandono.

A partir de todo esto surge una premisa fundamental: si una persona tiene alta autoestima, puede comunicarse de forma asertiva. Y, al mismo tiempo, si la persona se comunica habitualmente de manera asertiva, elevará su autoestima.

¿Por dónde comenzar?

Aunque la autoestima y la comunicación asertiva se potencien mutuamente, en realidad no es posible ser asertivo si no se tiene confianza en uno mismo. Entonces, si te preguntas: ¿qué debo trabajar primero?, la respuesta es: la autoestima.

Si el amor propio no es sólido, por más que te esfuerces en ser asertivo en tu comunicación, tarde o temprano vas a incurrir en conductas agresivas o pasivas, incluso sin darte cuenta. La base de todo está en tener una buena relación contigo mismo, porque de lo contrario no vas a tener una buena relación con los demás.

Ahora bien, ¿cómo incrementar la autoestima? Es muy importante trabajar sobre las barreras emocionales y el desarrollo de habilidades de afrontamiento positivo. También sobre los miedos y las inseguridades. Sobre todos estos temas hablaremos a continuación.

5.2 Identificación y superación de barreras emocionales

«Nada es tan grave como parece cuando lo piensas». -Daniel Kahneman-

Las barreras emocionales son obstáculos que nos ponemos a nosotros mismos, casi siempre de manera inconsciente, y que dificultan o impiden la consecución de nuestras metas. También impiden un adecuado discernimiento de la realidad. Se podría afirmar que son una forma de autosabotaje, de la que no solemos percatarnos.

Si no luchas contra las barreras emocionales, estas llegan a tener un profundo impacto sobre tu vida. En general, no te dejan avanzar con fluidez y por eso suelen ser la antesala de la frustración. Pero, además, si te dejas invadir de ellas, pueden conducirte a problemas graves como la depresión o la ansiedad.

Cómo detectar las barreras emocionales

Como ya lo anotamos, las barreras emocionales suelen ser inconscientes. Por eso, no siempre te das cuenta de que están presentes en tu vida. Se filtran en tu conducta y se camuflan detrás de actitudes como la prudencia, las buenas maneras o la seriedad.

Sin embargo, hay algunas conductas que hablan acerca de la presencia de esas barreras. Algunas de ellas son las siguientes:

- Timidez extrema.

- Sentimientos de envidia o desconfianza hacia los demás, muy recurrentes.

- Nerviosismo durante las interacciones sociales.

- Tendencia a juzgar a los demás con extrema dureza.

- Miedo extremo al rechazo o a la falta de aceptación.

- Falta de motivación continua.

- Pesimismo constante.

- Incapacidad para visualizar soluciones.

- No actuar por miedo al fracaso.

- No asistir a reuniones sociales por miedo al rechazo.

Si presentas una o varias de estas conductas, lo más probable es que cargues con barreras emocionales de las que no te has hecho consciente.

Causas

Las barreras emocionales nacen y se consolidan por diversas razones. En principio, obedecen a causas internas como el miedo, la inseguridad y el sentimiento de inferioridad. Es posible que esto sea resultado de una crianza inadecuada o abusiva, o fruto de vivir en un entorno altamente competitivo o irrespetuoso.

A veces las barreras emocionales son coyunturales o circunstanciales, o sea, no son permanentes, sino que aparecen en una situación específica de la vida. En ese caso, lo más probable es que se originen por altos niveles de estrés o ansiedad.

Estos obstáculos también pueden ser fruto de una atmósfera social negativa. Hay grupos o sociedades que resultan ser muy excluyentes o persecutorias y es posible que esto active las barreras emocionales. Por ejemplo, cuando un inmigrante llega a un país en el que no es bien recibido.

Desde el punto de vista de las filosofías orientales, el origen de este tipo de barreras está en el apego. Las personas no logran avanzar porque se aferran a ideas, sentimientos, personas, situaciones, creencias, hechos pasados, etc. Esto lleva a que bloqueen su desarrollo.

¿Cómo superar las barreras emocionales?

Ahora que ya tenemos claro lo que son las barreras emocionales y cuáles son sus posibles causas, debemos pasar a lo importante: superarlas. Para hacerlo, preguntémonos: ¿de qué están compuestos esos obstáculos? La respuesta es: de pensamientos negativos. Cada uno de esos pensamientos es como un ladrillo que termina conformando ese muro que no te deja evolucionar.

Los pensamientos negativos se filtran en tu mente de forma rutinaria. Son socarrones y por eso no te das cuenta de que están ahí, dictándote órdenes sobre lo que debes pensar y la manera en que debes actuar. A veces aparecen como afirmaciones claramente negativas como: «No voy a poder», «No aguanto», «No me destaco», «No le caigo bien a nadie», «Soy un idiota», «Siempre hago todo mal», etc. Otras veces surgen acompañadas de desazón o aparente pereza: «¿Para qué hacerlo?», «No tengo ánimo», «El resultado siempre será el mismo», «Me aburriré», etc.

Todo en conjunto te predispone a que, en efecto, se haga realidad lo que hay en tu mente. Si crees que no vas a poder, lo más probable es que no puedas porque de entrada te estás restando voluntad y energía para conseguirlo. Si piensas que vas a ser rechazado, sin darte cuenta vas a adoptar actitudes defensivas y de desconfianza, que no tendrán una respuesta positiva por parte de los demás.

Así pues, la forma de combatir los pensamientos negativos, que son los componentes de las barreras emocionales, es detectándolos y sustituyéndolos por pensamientos positivos. Es mucho más fácil decirlo que hacerlo, pero tampoco es tan difícil como quizás lo imagines.

La clave de todo está en comenzar por cosas pequeñas. Si no tienes confianza en ti mismo, no basta con que te digas «Sí, puedo hacerlo». Afirmaciones como esa solo van a entrar en contradicción con tus creencias más arraigadas y tú mismo no les darás crédito. Así que es mejor iniciar con cosas sencillas. Por ejemplo, prueba a detectar lo mejor que tiene un espacio en el que te encuentras. O busca una virtud en las personas que te rodean. O, quizás, detente un momento a ver lo hermoso de un árbol o del cielo.

Ve paso a paso, siendo un cazador de virtudes en todo lo que te rodea, incluyendo personas, animales y cosas. Vas a ver cómo esto incide en la forma de ver el mundo y terminará haciéndote más consciente de la forma en que te ves a ti mismo. De este modo, los pensamientos negativos no pasarán desapercibidos, sino que lograrás captarlos y matizarlos o eliminarlos. Si practicas meditación, este proceso será mucho más fácil para ti.

5.3 Desarrollo de habilidades de afrontamiento positivo

«Por alguna razón, una vez que los enfrentamos, comprobamos que nuestros propios demonios no son lo que imaginábamos». -Nelson DeMille-

Otra de las claves para incrementar la autoestima y potenciar la comunicación asertiva está en el desarrollo de habilidades de afrontamiento positivo. Como lo sabes, el dolor y la dificultad son realidades inevitables en la vida de cualquier persona. Lo que sí puedes elegir es la forma como respondes a esto.

Las habilidades de afrontamiento positivo son esquemas mentales intencionales de respuesta. Están dirigidos a gestionar las demandas internas y externas, así como los conflictos que puedan surgir entre ellas, y que tienen una característica: aparentemente exceden los recursos psicológicos que tienes para responder.

Dicho de otro modo, estas habilidades te permiten responder ante las exigencias que te hagas a ti mismo, o que te hagan otras personas, de tal modo que logres tolerar, reducir, minimizar o dominar la situación. Esto sería un afrontamiento positivo. Ahora bien, también puedes huir, destruir, darte por vencido, etc. En este caso, hablamos de un afrontamiento negativo. Veamos esto con mayor detalle.

El afrontamiento

El afrontamiento se define como «un conjunto de estrategias cognitivas y conductuales que la persona utiliza para gestionar demandas internas o externas que sean percibidas como excesivas para los recursos del individuo» (Lazarus y Folkman 1984).

La capacidad para afrontar una situación de este tipo no solo incluye la habilidad para darle una solución práctica, sino que también supone la gestión adecuada de las emociones asociadas a esta situación estresante. Frente a un suceso de este tipo, las personas hacemos dos tipos de valoraciones:

- Valoración primaria. Consiste en identificar si la situación es positiva, negativa o neutra. También estimar las posibles consecuencias inmediatas del hecho y las futuras. Sobre esa base, se establece qué tan exigente o desafiante es el suceso.

- Valoración secundaria. En este caso se analizan los recursos o capacidades que uno tiene para afrontar esa situación. En otras palabras, qué tan aptos nos sentimos para sortear con éxito el suceso. Este tipo de valoración es el que genera estrés.

De lo anterior surge la conclusión que queremos dejar clara en esta sección: lo estresante de una situación no depende de la situación misma, sino de la valoración que hacemos de ella.

Factores que inciden en la valoración de los hechos

Dos personas pueden estar frente al mismo desafío y cada una de ellas lo percibe de manera muy diferente y, en consecuencia, responde de manera distinta. ¿De qué depende esto? Hay algunos factores que marcan el contraste:

- La autoestima. Entre más alta la autoestima, menor es el estrés frente a situaciones desafiantes y viceversa.

- Capacidad para tomar riesgos. Algunas personas se sienten estimuladas por los desafíos, mientras que otras se intimidan ante estos.

- Sensación de competencia. Entre más autocontrol tenga una persona, menos será el estrés que experimente.

- Optimismo. Es la esperanza de que todo saldrá bien. Está asociado a las anteriores variables.

- Adaptabilidad. Las personas que se adaptan más fácil a los cambios tienden a sentirse menos abrumadas por situaciones desafiantes.

- Capacidad de comunicación. Si una persona sabe comunicarse bien, se sentirá más segura a la hora de enfrentar desafíos.

- Apoyo social. Las personas que se sienten protegidas y valoradas por su entorno también experimentan más autoconfianza a la hora de enfrentar retos.

Las estrategias de afrontamiento

Las estrategias de afrontamiento son prácticas que se llevan a cabo para gestionar una situación estresante. Tales prácticas pueden ser positivas o negativas. Las primeras corresponden a un abordaje adecuado de la situación y permiten mantener o recuperar el control sobre la situación. Las segundas suponen lo contrario.

Las estrategias de afrontamiento positivo abarcan tres aspectos:

- La valoración del evento crítico. Tiene que ver con encontrarle un significado a la situación.

- El problema. Corresponde a la identificación de la dificultad que exige un abordaje.

- La emoción. Hace referencia a las emociones involucradas dentro del evento crítico.

Con base en lo anterior, se habla de tres tipos de estrategias:

- Estrategias centradas en el problema. Corresponde a las estrategias de afrontamiento en las que las emociones están controladas y, por lo tanto, es posible centrarte en la solución del problema.

- Estrategias centradas en las emociones. En este caso el énfasis debe ponerse en las emociones, ya que están descontroladas. El objetivo es calmarse o relajarse.

- Estrategias centradas en la evitación. Hace referencia a las situaciones que es preferible eludir de momento, para hacer acopio de recursos que permitan enfrentarlas.

Técnicas de afrontamiento positivo

Hay varias técnicas de afrontamiento positivo. Dependiendo del tipo de situación que debas enfrentar, puedes elegir una u otra. También es posible emplear varias a la vez. Las principales son las siguientes:

Aceptación

Significa reconocer el problema y permitir que siga tal y como está, sin pretender que las cosas sean diferentes, y adaptándose a la situación. Por ejemplo: el confinamiento originado por la pandemia de Covid 19. No había más alternativa que adaptarse a las restricciones.

Escape o evitación

Tiene lugar cuando la situación sobrepasa las herramientas psicológicas de una persona para afrontarla. Por ejemplo, cuando alguien utiliza gritos y palabras insultantes contigo. Antes de reaccionar, prefieres apartarte un momento de la situación para equilibrarte y poder responder serenamente a esa agresión.

Autoanálisis

Supone el reconocimiento de las propias emociones y de las responsabilidades que uno tiene en el desarrollo de un problema. Significa enfocar la mirada hacia dentro de uno mismo para ordenar ideas y emociones. Como cuando alguien te hace un reclamo y antes de responderle analizas si puede tener la razón, facilitando así el entendimiento.

Reevaluación positiva

Consiste en buscar una nueva perspectiva para ver el problema. Por un lado, intentando no dramatizarlo, ni destacar los aspectos más difíciles. Por el otro, tratando de encontrar o aspectos positivos, o medios para sacar algún provecho de la situación negativa. Por ejemplo, una persona es despedida de su trabajo y, en vez de hacer énfasis en la pérdida, intenta verlo como una oportunidad para realizar algún cambio en su vida.

Catarsis

En esta técnica de afrontamiento lo que se busca es expresar todos los sentimientos negativos, sin afectar a nadie, ni hacerse daño. Un ejemplo claro de esto es llevar un diario en el que se consignen esas emociones. Al hacerlo, hay una sensación de liberación y las emociones se vuelven menos intensas.

Solicitar ayuda

Tiene que ver con precisar en qué aspectos puntuales se requiere de ayuda y en buscarla de forma eficaz para solucionar el problema. Un ejemplo sería el de una persona que ha sido estafada y busca los servicios de un abogado para que indique la ruta a seguir.

5.4 Cómo superar los miedos y la inseguridad

«El amor ahuyenta el miedo y, recíprocamente el miedo ahuyenta al amor.
Y no solo al amor el miedo expulsa; también a la inteligencia, la bondad,
todo pensamiento de belleza y verdad, y sólo queda la desesperación muda;
y al final, el miedo llega a expulsar del hombre la humanidad misma».
-Aldous Huxley-

En principio, el miedo es una emoción muy positiva. Se trata de una reacción ante un peligro real y está relacionado con el instinto de supervivencia. Una persona que carezca de miedo se lanzaría a una autopista llena de automóviles a toda velocidad, o saltaría a un abismo sin precauciones. Probablemente no duraría viva mucho tiempo.

Así pues, el miedo forma parte del equipo de supervivencia de todos los mamíferos y su función es protectora. Ahora bien, el problema está cuando comienzas a sentirlo, sin que haya en realidad una amenaza o un peligro para tu vida o tu integridad. Mucho más problemático aun, si se trata de una emoción casi constante. Veamos por qué ocurre esto.

La naturaleza del miedo

El miedo es una emoción básica, primaria y universal. Se trata de un mecanismo de defensa que se activa cuando hay una amenaza, es decir, algún factor que puede poner en riesgo la integridad o la vida, sin que podamos hacer algo al respecto. O sea, en el miedo hay dos componentes: la amenaza como tal y la percepción de que los recursos para afrontarla son escasos o insuficientes.

Dicho esto, también existe una modalidad conocida como «miedo disfuncional». Este es el que tiene lugar cuando no existe un peligro real, pero aun así se desata el temor. Anteriormente, a esto se le llamaba «miedo sin objeto», pero es más exacto decir que se trata de un «miedo con objeto interno»; esto es, que aquello que tememos solo existe dentro de nosotros mismos.

El miedo disfuncional puede conducir a la ansiedad, cuando se vuelve más impreciso y continuo. Algunas personas son más propensas a experimentar este tipo de miedo, cuando tienen rasgos como los siguientes:

- Baja autoestima o autoestima inestable.

- Autoconcepto confuso.

- Falta de confianza en sí mismo.

- Pesimismo.

La inseguridad es una manifestación del miedo. Por lo general, tiene que ver con otros temores como el miedo al rechazo, al abandono o al fracaso. ¿Hay manera de superar esta situación? Claro que sí. Enseguida hablaremos de esto.

Consejos para superar el miedo y la inseguridad

La regla de oro para superar el miedo y la inseguridad es afrontarlos. En realidad, no hay otro camino para solucionar este problema. Sin embargo, lo que sí hay es diversas vías para plantarle cara a esos temores. Las siguientes son las más eficaces.

Nombra tu miedo

El miedo disfuncional suele ser bastante impreciso. Es como si tuvieras miedo de todo y a la vez de nada. Una buena opción es la de llevar un diario de miedos, durante tres o cuatro semanas. Consigna en qué momentos aparece el miedo, cuándo se intensifica y cómo lo experimentas. Lo ideal es que consigas ponerle un nombre a ese temor, incluso si no es tan exacto. Por ejemplo: «Tengo miedo a la oscuridad porque siento que puede haber muchas amenazas ocultas dentro de ella, que no puedo captar».

Acéptalo

Es posible que gastes mucha energía y recursos tratando de ocultar tus miedos. Sin embargo, lo más probable es que no lo logres. En lugar de esconderlos, lo indicado es aceptar que los tienes e incluso hablar de ellos con otras personas. Esto les restará algo de relevancia.

Utiliza la respiración

La respiración es una gran aliada para incrementar el control sobre las emociones. Una de las reacciones fisiológicas ante el miedo es la agitación de la respiración. Por eso, si te detienes un momento y tratas de respirar más profundamente, es muy probable que sientas mayor tranquilidad. Aspira con mucho vigor y expira con un poco menos de energía.

Emplea tu imaginación de forma positiva

Los miedos se alimentan de una imaginación vívida que ve peligros donde no los hay y le otorga omnipotencia a las amenazas reales. Lo bueno es que también puedes utilizar la imaginación a tu favor. En un momento en el que estés calmado, piensa en una situación que te atemorice y luego dibuja en tu mente una imagen en la cual manejas el miedo a la perfección. Aunque parezca algo infantil, verás que te ayuda mucho.

Sal de tu zona de confort

Cuando sales de tu zona de confort y te expones a la incertidumbre, estás dando un gran paso para confiar más en ti mismo. No desaproveches oportunidad de ir a un sitio que no conoces, sin mapa. O tomar una ruta de transporte que no sabes a dónde va. Cualquier experiencia novedosa tendrá ese efecto de reducir los miedos y la ansiedad.

Motívate a través de tu diálogo interno

El diálogo interno es uno de esos factores que puede ayudarte a acrecentar el miedo, o bien a reducirlo. Persuadirte a ti mismo de que eres capaz de enfrentar una situación y de superar tus inseguridades te aportará mayor fuerza interior. De igual manera, recriminarte, exigirte más de lo que puedes dar o azuzar tu inseguridad, solo conseguirán potenciar los miedos. Trata de modificar los pensamientos negativos y de automotivarte.

Acepta que fallarás

Uno de los temores más comunes es el miedo al fracaso. Sin embargo, muchas personas no se detienen a pensar en que tal fracaso es una parte indispensable del éxito. Las metas se logran por perseverancia y la perseverancia implica levantarte después de caer. Puedes examinar la vida de cualquier personaje histórico y encontrarás que es así. Por eso, no te desanimes ante un fracaso en el propósito de dejar miedos e inseguridades.

Exponte a tu miedo

La exposición es una técnica que emplean los psicoterapeutas para tratar fobias y miedos muy intensos. Como el nombre lo sugiere, tiene que ver con ir al encuentro de aquello que temes. Esto se lleva a cabo de manera gradual. Lo usual es que se comience imaginando la situación que causa temor y que luego se enfrente mediante gráficos o realidad virtual. Después, y solo cuando estés listo, vas a exponerte a la situación real. Esta es una técnica que requiere de apoyo profesional.

Técnicas de relajación

Las técnicas de relajación son muy eficaces para reducir la ansiedad. Las más usadas son las técnicas de respiración y las de relajación muscular. Sin embargo, hay toda una gama de prácticas a las que puedes acudir para sentirte relajado con más frecuencia. Por ejemplo, el mindfulness, el yoga, tai chi, etc. Todas ellas pueden ayudarte mucho en el proceso de reducir tus miedos e inseguridades.

Aprende a convivir con el miedo

El miedo siempre estará en tu vida, de uno u otro modo. Así que tu objetivo no debe ser el de desterrar cualquier traza de temores, sino aprender a vivirlo y tramitarlo. ¿Cómo?

Sigue el esquema: reconócelo, ponle nombre, siéntelo, escucha lo que te quiere decir y luego, déjalo ir.

Pide ayuda

Si ves que tu inseguridad o tus miedos no ceden, y detectas que esto condiciona tu vida de una manera importante, no dudes en buscar ayuda profesional. Un psicoterapeuta puede señalarte el camino y ayudarte a recorrerlo. Las terapias conductuales suelen ser más eficaces en estos casos.

5.5 Estrategias para aumentar la autoestima y la seguridad en uno mismo

> «*Nunca dejes que nadie te diga que no puedes hacer algo. Ni siquiera yo, ¿vale? Si tienes un sueño, tienes que protegerlo. Las personas que no son capaces de hacer algo te dirán que tú tampoco puedes. Si quieres algo, ve a por ello. Y punto*». -Will Smith-

Vivir sin amor propio es como vivir vestido con una armadura de hierro. Te sientes incómodo y dolorido todo el tiempo, y apenas si te puedes mover. Quedarte inmóvil comienza a ser la opción menos tortuosa y terminas acostumbrándote a creer que el mundo y la vida son ese pequeño espacio que habitas.

La autoestima te proporciona ese sentimiento de aprecio y aceptación que necesitas para confiar en ti mismo. A su vez, la confianza en ti mismo te permite buscar nuevas experiencias y aceptar nuevos retos. Al explorar nuevos horizontes, te sientes más seguro. Todo es como un engranaje en el que cada pieza lleva a que las demás funcionen bien.

¿Qué sucede si tienes problemas de autoestima?

No es algo definitivo, sino una situación sobre la que puedes trabajar. Enseguida te daremos algunas claves que te ayudarán a mejorar en este aspecto.

Estrategias para aumentar la autoestima y la seguridad en ti mismo

Hay un principio que se considera la regla de oro para aumentar la autoestima y la confianza en uno mismo. Dice que no debes esperar a sentirte preparado para hacer algo, porque lo más probable es que jamás lo hagas. En realidad, las cosas ocurren al contrario: primero haces las cosas y luego viene el sentimiento de seguridad. Simplemente, actúa.

Además de esto, hay otras estrategias que puedes poner en práctica para librarte de la armadura de la inseguridad y la falta de amor propio. Las siguientes son las más importantes.

No persigas la autoestima y la seguridad

Aunque parezca contradictorio, entre más tozudo te vuelvas tratando de quererte más y de sentirte más confiado en lo que haces, más difícil te resultará conseguir ese propósito. En este caso opera un concepto conocido como la «ley del esfuerzo invertido». Esta señala que el exceso de energía en pro de un logro, puede tener resultados opuestos. Por lo tanto, lo mejor es no obsesionarte, sino tener presente tu objetivo, comprender que no lo vas a lograr rápido, ni en todas las circunstancias, y dejar que todo fluya.

Comienza por poco

El círculo virtuoso de la confianza en uno mismo y de la autoestima implica la aplicación de la regla de oro: actuar. Si dos personas tienen un examen y una de ellas asiste, pero saca una mala calificación, de todas maneras, va a sentirse mejor que quien no asiste por miedo a reprobar. La clave de todo esto está en comenzar por cosas pequeñas. Empieza por decisiones que no sean tan comprometedoras y ve aumentando.

Descubre motivos para confiar en ti

Si tienes baja autoestima, lo más probable es que tiendas a menospreciar tus logros. Es como si nada de lo que hicieras fuera suficiente para convencerte de que vales y eres capaz de alcanzar objetivos importantes. Te haces a la idea de que si lograste algo es porque no era tan difícil o relevante; o que hubieras podido hacerlo mejor. Para sacar de tu cabeza esa idea, comienza por hacer un listado de los tres grandes logros de tu vida e identifica las capacidades o virtudes que pusiste en juego para conseguirlos.

Aférrate a tus valores

Los valores te aportan una fuerza extraordinaria para lograr lo que te propones y, además, afianzan tu autoestima. Cuando hagas algo, no te enfoques en el resultado que obtengas, sino en los valores que lo inspiran. En lugar de pensar en la calificación del examen, enfócate en tu deseo de superarte y en el valioso esfuerzo que has puesto para lograrlo. De este modo, conseguirás otorgarle un significado más profundo a lo que haces.

Reinterpreta tus miedos

La ciencia ha demostrado que tanto en el miedo como en la excitación está presente la misma sustancia: la adrenalina. Esta es un componente que produce el cerebro y que genera una serie de reacciones físicas y psicológicas: tensión muscular, aumento del ritmo circulatorio y de la respiración, etc. Se ha comprobado que si una persona interpreta su miedo como entusiasmo, puede manejarlo mejor; esto de debe a que ambas emociones provocan las mismas reacciones fisiológicas.

Toma decisiones

Uno de los efectos de la falta de autoestima y de seguridad en uno mismo es la dificultad para tomar decisiones. Lo habitual es que te quedes dudando por mucho tiempo o que postergues el asunto y nunca lo retomes. Por eso, es muy importante que comiences a tomar pequeñas decisiones, sin demora. Empieza por cosas simples, siempre evitando caer en la duda. Elige algo, determina algo, evaluando solo lo básico y no rumiando por horas lo que debes hacer.

Sé muy honesto contigo mismo

Una persona que se quiere a sí misma y confía en lo que es, no tiene por qué esconderse de la mirada de los demás y menos de ella misma. Ser honesto va a ayudarte mucho a aceptarte. No temas hablarle a personas de tu confianza acerca de tus errores, defectos y miedos. Deja de pensar que esconder tus vulnerabilidades las hará desaparecer. Entre más sincero seas, contigo mismo y con otros, mayor será tu amor propio y más sanas tus interacciones con los demás.

Haz cosas que te incomoden

Salir de tu zona de confort es un punto clave para aumentar tu autoestima y tu seguridad. Cada vez que expandes tus límites, aumentas también tu área de acción en la vida. Aceptar desafíos y exponerte a lo incierto va a ayudarte mucho. No tienes que proponerte hacer una excursión en solitario por una selva desconocida. Basta con que hagas avances todos los días, en cosas pequeñas. Inicia una conversación con alguien extraño, toma la palabra para decir algo en público, etc.

Evita la trampa de la arrogancia

La inseguridad y la falta de amor propio también pueden llevarte a actuar con arrogancia. Esta no es una señal de autoestima, sino una máscara para ocultar tus miedos. Así que detecta y evita conductas en las que buscas estar por encima de los demás o ufanarte de algo. Recuerda que la asertividad se caracteriza por el respeto hacia uno mismo y también hacia los demás. Ese reconocimiento de doble vía es una de las bases de la salud mental.

5.6 Ejercicios prácticos para mejorar la autoestima y superar inseguridades

Los siguientes ejercicios tienen como objetivo ayudarte a disipar tus inseguridades y tus miedos, y, además, aumentar tu autoestima. Puedes practicarlos todos o elegir primero aquellos con los que te sientas más cómodo. Lo ideal es que te enfrentes a estos retos con la convicción de que son un paso adelante en el camino de tu superación.

Caminar con una venda

Este ejercicio te ayudará a vencer tus miedos. Solo tienes que ponerte una venda en los ojos y comenzar a caminar por tu casa. Hazlo despacio y en un espacio que conozcas bien. Concéntrate en las emociones que experimentas mientras avanzas. Esta práctica te ayudará a comprender mejor el miedo y sentirte más confiado frente a lo incierto.

Descubriendo las etiquetas

Es habitual que seamos etiquetados por otros, pero también que nosotros mismos nos pongamos etiquetas sobre la frente. «El despistado», «La buena gente con todo el mundo», «El tímido», etc. Este ejercicio consiste en que pienses en tres de las etiquetas que te has puesto a ti mismo. Identifícalas y después pregúntate lo siguiente:

- ¿Cuándo fue la primera vez que pensaste en esa etiqueta?

- ¿Cómo te hace sentir?

- ¿Qué inseguridades o miedos te crea?

Analiza tus respuestas y señala por qué esas etiquetas solo definen una parte de ti y no todo tu ser.

La tabla de honor

Elabora una tabla con tres columnas. La primera corresponde a elogios, la segunda a capacidades y fortalezas, y la tercera a orgullo de uno mismo. En la primera columna escribe los cinco halagos que te han hecho y que más recuerdes; en la segunda, las cinco fortalezas o capacidades que reconoces en ti; en la tercera, los cinco aspectos que te hacen sentir más orgulloso de ti mismo.

Al final, analiza lo que todos esos datos dicen acerca de ti. Para terminar, guarda esa tabla en algún lugar en donde puedas consultarla cada vez que te sientas confuso respecto a lo que eres y vales.

Lista de premios

Elabora una lista de premios que puedes darte a ti mismo, simplemente porque te aprecias y quieres tener detalles reconfortantes que te hagan sentir bien. Ninguno de los premios debe ser material y la lista debe ser muy larga. Tómate un par de días para hacerla. Anota cosas como «Escuchar 'x' canción que me gusta», o «Preparar un plato que me encanta», etc.

Después, anota cada uno de esos regalos en un papelito y guárdalos todos en una caja que hayas destinado para este fin. Todos los días, al comenzar la jornada, saca uno de esos papelitos y concédete el premio que está anotado allí.

Un diario de autoestima y gratitud

El diario es una herramienta muy eficaz para conocerte, hacer catarsis e identificar esos patrones de pensamiento de los cuales no eres muy consciente. En este caso, la recomendación es hacer un diario en el que consignes cada noche lo mejor que hiciste durante la jornada. Así mismo, debes anotar una razón por la cual agradecer; puede ser por la vida, por algo que hayas aprendido, etc. Consulta tu diario cada semana y saca conclusiones. Lo indicado es hacer esto durante seis meses.

Conclusiones

A lo largo de este capítulo hemos hecho un recorrido por el significado de la autoestima, las barreras para desarrollarla y los principios y técnicas para aumentar tu amor propio y ganar más confianza en ti mismo. Ten presente las siguientes afirmaciones:

- La autoestima es resultado de los juicios que hacemos sobre nosotros mismos y determina la forma como nos comportamos.

- La autoestima está muy relacionada con la asertividad. Una y otra se potencian mutuamente.

- Las barreras emocionales son patrones mentales, casi siempre inconscientes, que operan como obstáculos para el crecimiento personal. Están compuestas de pensamientos negativos.

- La clave para superar las barreras emocionales está en detectar los pensamientos negativos y sustituirlos por pensamientos positivos.

- El afrontamiento positivo es un esquema mental de respuesta voluntaria y adecuada, frente a acontecimientos estresantes o muy exigentes.

- Las principales técnicas de afrontamiento positivo son la aceptación, el escape o evitación, el autoanálisis, la reevaluación positiva, la catarsis y la solicitud de ayuda.

- Las estrategias más eficaces para superar los miedos son: nombrarlos, aceptarlos, respiración, imaginación, salir de la zona de confort, automotivarse, aceptar las fallas, exposición, relajación, aprender a convivir con el miedo y pedir ayuda.

- Las mejores estrategias para incrementar la autoestima y la seguridad psicológica son evitar la ley del esfuerzo invertido, comenzar por poco, descubrir motivos para confiar, aferrarse a los valores, reinterpretar los miedos, tomar decisiones, ser honesto con uno mismo, hacer cosas que incomoden y evitar la arrogancia.

Hemos llegado al final de este recorrido, con la convicción de que sabrás sacarle el mayor provecho posible y que se convertirá en una herramienta para tu crecimiento personal y tu felicidad. Pasemos ahora a las conclusiones finales.

CONCLUSIÓN

«Quien se transforma a sí mismo, transforma el mundo». -Dalai Lama-

Hemos finalizado un viaje que iniciamos con el objetivo de darte herramientas para que logres tener una comunicación más saludable contigo mismo y con los demás, de modo que esto te conduzca hacia una vida más plena, en la que puedas ser más libre y desarrollar todas tus potencialidades.

El solo hecho de haber recorrido todas estas páginas ha dejado sembradas varias semillas en tu mente. Estamos seguros de que no eres la misma persona que eras al comenzar la lectura. Ahora tienes más elementos para comprenderte y más instrumentos para que pongas en práctica el arte de vivir. Hagamos un repaso final de lo aprendido.

Para tomar nota...

Es importante tener presente que la comunicación asertiva es una vía para tener relaciones más saludables contigo mismo y con los demás. Adoptando este estilo de comunicación consigues que sean respetados tus derechos, deseos y necesidades, sin sentir culpa por esto, ni pasar por encima de los demás para lograrlo.

Si te cuesta decir «no» a los requerimientos de los demás, hay técnicas que te lo facilitan, como «el sándwich» y «el banco de niebla», entre otras. Solo tienes que familiarizarte con ellas y gestionar de manera adecuada la reacción de tu interlocutor.

La comunicación asertiva pasa por la capacidad de evitar los discursos vacíos, haciendo gala de claridad y concisión en todo lo que expreses. Para lograrlo, nada mejor que pensar antes de hablar y ubicarte en el aquí y el ahora de la comunicación, otorgándole relevancia a tu interlocutor. La escucha activa es fundamental para que todo esto sea posible.

Puedes convertirte en un orador capaz de persuadir, tanto a un solo interlocutor, como a grupos grandes y pequeños, mediante principios y conductas que fortalezcan la confianza en ti mismo. Prepararte bien y aplicar las técnicas adecuadas son la vía para que ganes influencia y credibilidad sobre otros. Esto incluye las negociaciones, en las que tu objetivo debe ser el de lograr fórmulas que beneficien a todas las partes.

Todo lo anterior va a permitirte afianzar tus habilidades de liderazgo. Lo ideal es que no seas un líder común y corriente, sino alguien capaz de ejercer la autoridad de una forma asertiva. De este modo, conseguirás motivar mejor a los demás y resolver los conflictos convirtiéndolos en oportunidades de aprendizaje y crecimiento para todos. También te ayudará en la difícil tarea de compartir responsabilidades con las personas que diriges.

Nada de lo que hemos dicho hasta aquí podría ponerse en práctica, si no trabajas por aumentar tu autoestima y superar tus inseguridades. No es una tarea fácil, pero estamos convencidos de que puedes lograrlo si te empeñas en hacerlo. Para conseguirlo, hay varias estrategias útiles, dentro de las que se destacan aquellas que están encaminadas a reconocer tu valía de una forma más objetiva y a adelantar prácticas de autoaceptación y autocuidado.

¿Cómo poner en práctica lo aprendido?

Te recomendamos, encarecidamente, que lleves a cabo todos los ejercicios propuestos al final de cada capítulo. Son prácticas escogidas cuidadosamente para que desarrolles las competencias y habilidades propias de la comunicación asertiva. Algunos están diseñados para que los realices solo una vez, mientras que otros, como los asociados a evitar los discursos vacíos, debes realizarlos con frecuencia.

Lo ideal es que fijes tu mirada tan lejos como sea posible: no seas tímido en tus anhelos y propósitos. Al mismo tiempo, debes tener claro que los grandes logros se alcanzan paso a paso. Por eso, lo mejor es comenzar con pequeñas acciones diarias. No esperes a que las condiciones sean favorables o a «sentirte listo» para iniciar un cambio. La persona indicada eres tú y el momento adecuado es ahora.

Recuerda que la comunicación asertiva y la autoestima son dos dimensiones que van de la mano. Entre más elevado sea tu amor propio, más asertivas serán tus interacciones con los demás. Y entre más asertivas sean esas interacciones, mayor será tu autoestima. Este es un punto de partida muy valioso, que no debes perder de vista.

Comienza por aplicar los principios de la asertividad con personas con las que no tengas un vínculo emocional muy estrecho. Algún compañero con el que hables poco, un cliente, un vendedor, el conserje, en fin. Sin saberlo, esas personas te ayudarán a incrementar tus habilidades. Luego, aplica lo aprendido con gente cada vez más cercana. Si lo consigues, verás cómo tus relaciones sociales e interpersonales mejoran mucho.

Hablar en público y liderar adecuadamente son capacidades muy relevantes en el mundo actual. No pierdas oportunidad para incrementarlas. Avanza paso a paso y pronto verás cuan lejos has llegado. Automotívate y convéncete de que puedes lograrlo porque tu mayor arma es la perseverancia.

Un consejo final

Para terminar, vamos a contarte una historia zen. Habla acerca de un joven monje que estaba formándose y mostraba gran disposición e inteligencia. Llegó el momento en que le asignaron un sabio maestro, quien le pidió salir con él a recorrer el mundo. Tras un día de camino, y cuando ya era tarde, llegaron a una casa muy pobre y le pidieron a sus habitantes que les permitieran dormir allí.

La familia aceptó gustosa y los invitaron a tomar leche y queso antes de irse a la cama. Mientras comían, los anfitriones les contaron que tenían una vaca y que ella les daba el sustento para vivir. Sí, eran pobres, pero al menos no les faltaba nada para comer, gracias a ese animal que poco pedía a cambio.

El maestro y el monje salieron al amanecer para continuar su camino. Sin embargo, el maestro le pidió al aprendiz que tomara la vaca y la llevara con ellos. El joven, sorprendido, lo hizo. Cuando llegaron a un barranco, el maestro empujó el animal y lo lanzó al abismo. El monje no sabía qué decir. ¿Cómo era posible quitarle el sustento a esa familia que con tanto cariño los había acogido? El maestro no hizo ningún comentario y ambos siguieron su ruta.

Después de un par de años, maestro y aprendiz volvieron a su templo. El monje había aprendido mucho y ahora se sentía más sabio. De todos modos, no lograba olvidar ese episodio de la vaca, tan desconcertante para él. Por eso, apenas tuvo oportunidad, salió del templo a buscar a aquella familia que los había hospedado. Quería compensarlos de algún modo.

Al llegar al sitio, no vio la casa humilde que los había acogido. En su lugar estaba una mansión opulenta. Pese a esto, el monje tocó a la puerta y tuvo una gran sorpresa cuando vio que le abría uno de sus antiguos anfitriones. Lo invitaron a pasar y le contaron lo sucedido. Cuando perdieron la vaca, habían tenido que encontrar otra forma de sobrevivir. Por eso, comenzaron a cultivar los campos. Esto les dio comida, pero también excedentes para vender en el mercado. Así habían comprado no una, sino otras tres vacas, además de gallinas, conejos y patos. Desde entonces había llegado la prosperidad.

El joven monje comprendió entonces que romper las pequeñas ataduras que nos dan seguridad, puede ser el primer paso para liberarnos de una cárcel que nos impide crecer. ¿Qué puedes concluir de esto? Solo una cosa: el universo es tuyo. Ve por él.

GRACIAS

Desde lo más profundo de mi corazón te quiero dar las gracias por comprar mi libro.

Podrías haber elegido entre muchos de otros libros, pero decidiste arriesgarte y elegir el mío.

Así que nuevamente gracias por comprar este libro y por leerlo con cariño hasta el final. Le puse mucho cariño a cada una de sus hojas.

Antes de que te vayas, quería pedirte un pequeño favor.

¿Podría considerar publicar una reseña en la plataforma? Publicar una reseña es la forma mejor y más fácil de apoyar el trabajo de autores independientes como yo, que buscamos plasmar nuestro conocimiento en estas hojas y hacerle un poco más fácil la vida a nuestros lectores.

Tus comentarios me ayudarán a seguir creciendo como escritor independiente y también podré saber el tipo de libros que te ayudarán a obtener los resultados que deseas. Significaría mucho para mí saber de ti.

>> Dejar una reseña en Amazon ES

amazon.com/author/pnlypersuasiondesdecero

>> Dejar una reseña en Amazon COM

amazon.com/author/pnlypersuasiondesdecero

SOBRE EL AUTOR

Ollie Snider es un escritor apasionado por el crecimiento personal y el desarrollo de la mente. Su carrera como escritor se enfoca en libros de autoayuda y su objetivo principal es ayudar a las personas a alcanzar su máximo potencial a través del conocimiento. Busca aportar un grano de arena en el basto mar del conocimiento humano.

Además de ser un escritor a tiempo completo, Ollie es un orgulloso padre de familia que agradece día a día a sus seres queridos por el amor incondicional que le brindan. Su dedicación a su familia y su pasión por la escritura lo han llevado a inspirar a miles de personas a nivel mundial.